建築家の基点

「1本の線」から「映画」まで、
13人に聞く建築のはじまり

ORIGINS OF ARCHITECTS

編著
坂牛卓

彰国社

装丁
加藤賢策（LABORATORIES）

装丁イラスト
宮沢洋

本文フォーマットデザイン
平野薫・大野友子（南風舎）

編集協力
南口千穂（南風舎）

はじめに

ダイヤモンドの原石は氷砂糖のように少々濁っている。しかし一瞬見せる輝きを捕獲者たちは見逃さない。宝石生産はこの輝きの発見から始まる。建築家の誕生もこの原石＝基点の発見に始まる。この本に登場する一三人の建築家たちは、宝石ハンターさながら、自らのうちに秘めた宝石の原石に気がつく力があったのである。彼らは、原石に気づいたとき、この輝きがダイヤモンドだと期待はしていなかったかもしれない。最初は少々濁っていたからである。しかし彼らは執拗にその石を磨き続けた。そして気がつくとそれは輝き始めていた。基点とはそんな気づきと研磨で顕在化した建築家のダイヤモンドのことである。

建築家の基点

目次

003 はじめに

006 序 建築家には基点がある

013 第1章 物

Object / Materiality

014 **安田幸一** 研ぎ澄まされた線

036 **長谷川豪** 身体の外側に出る

058 **宇野友明** 自分でつくる物

080 **門脇耕三** 自律するエレメント

100 「物」の見方の変遷

103 第2章 間

Space between Objects

104 **伊東豊雄** 体内感覚

126 **長谷川逸子** ガランドウ

148 「間」の発見

151 第3章 関係性 Relation

152 **坂本一成** 矛盾

174 **青木淳** 非目的性

196 構成の論理としての「関係性」

199 第4章 世界 Externality

200 **山本理顕** 社会性

222 **古澤大輔** 転用

240 **田根剛** 未来の記憶

260 **豊田啓介** 複雑性

278 **中山英之** 映画性

296 建築に外在する論理としての「世界」

299 あとがき

序　建築家には基点がある

建築家の理念

二〇二〇年に上梓した『建築の設計力』（彰国社）の中で私は建築の設計には理念がいると記した。そして複数の大学でこの本を教科書として建築の設計とはどういうプロセスで行うものかを教え、理念の重要性を説いている。しかし学生たちはまだ理念とは何かについてピンと来ていないように見える。それはどうしてかと考えてみるに、彼らはまだ実際にリアルな建築を継続的に設計したことがないからだと思えた。数か月で設計を終わらせる大学の課題や、長くても半年で仕上げる卒業設計程度では、理念がなくても設計はできる。一過性の設計ならばそのときの思いつきや、入念なリサーチをもとに設計することは可能である。しかしいくつもの設計を長い間持続していく場合、そこには常に前作の失敗や批判が生まれ、それらが設計者の心を脅かす。しかしその状態でも次の設計を続け、チャレンジしなければならないのが現実である。そこでは思いつきのコンセプトや一回性のリサーチだけをもとに設計を持続していくのは心もとないし、不安がつきまとう。そこに必要なのは自らの設計を肯定していけるような理路である。それは人から与えられるものではなく自己に内在する強い信念のようなものでなければならないのである。そしてそれを理念と呼ぶのである。つまり理念というのは持続的に長い年月の中でいくつもの設計を繰り返し行っていくときに自らの支えとなるものなのである。

さてそんな理念を一つの軸とした設計論を前著で組み立てたのだが、果たしてそれは汎用性のある論となっているのだろうか? じつはそれは自らの経験値に基づく推論といえばそうなのである。もちろん経験値とは自らの設計経験だけではなく、私が知る多くの建築家の設計の中に見いだしたことも含んでいる。しかしそれなら、その私が見てきた建築家の理念を示すことで、私の設計論は、もう少し学生にとって合点のいくものになるのかもしれないと思うに至った。そんなことを考えているうちに、私が現在行っている建築家への連続インタビューをまとめてみるとそこに建築家の理念というものが見えてくるのかもしれないと考えたのである。

インタビュー

私は二〇一八年から日本建築家協会の会報誌『JIA MAGAZINE』の編集長をしている(二〇二一年二月本稿執筆時点)。その役を任じられてから私はほぼ毎月巻頭で建築家へのインタビューをすることにした。最初のうちは何を聞くべきかという強い考えもなく、なんとなくそのとき話題の建築家にその人の特徴的なデザインや設計の考え方を聞いていた。しかしそのうちに、そんな内容ならすでに建築雑誌で公になっているだろうし、別にここで改めて聞く必要もない。むしろ他の媒体ではあまり紹介されていないようなことを聞こう。それが会員の興味につながるのだろうと思うに至った。そこでインタビュー方針をその人の現在の設計を支えている考え方や作品は何かを問うことにした。そして、あるときからかなり入念にその人の作品や考え方を時系列に調べてインタビューに臨むようになった。

そういうインタビューを数回繰り返すうちに、一つのことが分かった。建築家の現在はその人が建築家をスタートしたときにだいたい露わになっている。つまり処女作あるいは初期の作にはその人の考え抜いたエキスが充満している。そしてそのエキスは多くの場合そう簡単に漂白していくものではなく、一生つきまとう。「三つ子の魂百まで」なのである。そして話は冒頭に戻るが、その三つ子の魂=「基点」こそが、その建築家の「理念」をつくり上げる出発点なのだということに気がついたのである。つまり、建築家にはどうも基点というようなものがあり、その基点が変化展開しながらその人のその後の設計の中に現れ、鍛えられ、理念というようなものへと昇華していくことが分かってきたのである。

小説と建築

同じ創作という観点から小説家にも基点というものがありそうだ。村上春樹は『職業としての小説家』（スイッチパブリッシング、二〇一五）の中で特定の表現者をオリジナルであると呼ぶためには三つの条件があると書いている。どうもこのオリジナリティとは、私の言う基点に近いものである。そこで彼の説明を紹介してみよう。その三つの条件とは、(1)独自のスタイルがあること、(2)そのスタイルを自らの力でヴァージョンアップできること、(3)そのスタイルは時間の経過とともに人々に吸収され価値判断基準の一部として取り込まれること。じつは私が言う三つ子の魂=基点は、村上の言うスタイルと同じものとしてじんわりと彼らの建築の中に表出している。そしてそれは時間の経過とともに少しずつヴァージョンアップして理念となっているのである。例えば青木淳さんの初期の作品である「馬見原橋《まみはら》」は橋という川を渡る機能を担った構築物であるが、青木さんはその橋を、支える構造を利用してそこに人が佇む場所までつくってしまった。それは本来その構築物の目的とは異なる非目的的なものなのである。青木さんはこの非目的性をずーっと考えている人だと思う。それはコンペで敗れた「新潟市民芸術文化会館」にかなり明快に現れた。ホールに行くために通るコンコースから天井にぽっかりと空いた、空に抜けるような穴を昇っていくと広い場所に出る。そしてそこからホールに向かうのだが、ホールというこの建物の目的より青木さんがつくりたかったのはこのぽっかり空いた穴にあったように見えるのである。そしてこの非目的的な穴を介した広い場所は、二〇一一年に日本建築学会賞を受賞した「京都市美術館」のエントランスに再現された。そこは美術館の展示スペースに向かうホールである。しかしそのホールは普通の展示室とそのロビーという関係性ではない。ロビーというにはとんでもなく大きいのである。でもそこは一般の人がブラブラできるような公共的ない い場所となっている。つまり青木さんにおいては馬見原橋で具現化した非目的的な場がヴァージョンアップして「京都市美術館」でとんでもなく大きいホールとして現れている。そしてこの非目的的な広い場所は今では多くの建築家の中で公共性と呼ばれる規範となっているのである。青木さんのこうした基点の展開は一例であるが、本書の多くのインタビューではこのように、村上春樹にならえばオリジナリティなるものが、私の言い方をすれば、基点が展開して理念となって昇華している姿が見て取れる。

仮説の立証

すでに述べたように、私は毎回のインタビューにかなりの予習をして臨んだ。それは建築家の基点のようなものがいつ始まり、どのようないきさつで生まれたかをはっきりさせたいと思ったからである。そこで毎回自分なりの仮説を立てるために予習は欠かせなかった。そうした仮説が常に正解であるとは限らないのだが、概ね的を射ていた。というのも、その基点はほぼ最初(の頃)の作品あるいはその考え方に現れるという法則をつかんだからである。では初期に現れるその基点の種はどこにあったのか。それは二種類ある。一つは恩師(だいたいは大学の先生)あるいは最初に入った事務所のボス直伝。もう一つはその人自身に内在しているもので、これは幼少の体験であったり、その人の性格によるものである。

今回本をつくるにあたり、すでに三〇人を超すインタビューをしていたが、紙幅の都合で一三人に絞らざるを得なかった。その基準は建築家の魅力や力量もさることながら、その基点の発露と継続が明瞭に読み取れるかどうかであった。

インタビューの分類

さて一三のインタビューを読んでみると、基点の質で建築家は二つに大別できる。それらは建築を考え始めるときに、素材や形や空間を最初に思う人たちと、使う人や社会や環境を最初に考える人たちである。言い換えると、前者は建築に内在する問題を、後者は建築に外在する問題を重視する人である。一三のインタビュイーはこのどちらかに属するものだった。そして前者が重視する建築に内在する問題はさらに三つに分け得ると考えた。その分類は私が著した『建築の規則』(ナカニシヤ出版、二〇〇八)の中で記した建築の構成要素の考え方に依拠している。私は『建築の規則』で建築の設計とは建築の「物」と「間《ま》」の持つ「質料性」「形式性」「関係性」を操作することだと書いたのである。ここで質料と形式はアリストテレスの四原因論の最初の二つである。また関係性はカントが悟性の思考の枠組みとした量、質、関係、様相の一つである。よってこの三つは存在、認識の要の概念なのである。これらの概念を組み合わせると六種類の操作項目が現れる。それらは物の質料性、物の形式性、物の関係性、間の質料性、間の形式性、間の関係性である。さて前者のインタビュイーの基点を眺めていると三つの傾向が読み取れた。一つ目は物にこだわる人たち、二つ目は間にこだわる人たち、そして三つ目は物でも間でも関係性にこだわる人たちである。そこで以下インタビュイーの基点を一言で列挙してみたい。一言でその人の基点を語るのはいささか無理があるのは承知である。基点はその言葉にあるものないもので構成されているのだろう。しかし一番近傍にある概念を考えてみた(正確なことは本文を読んで実感してほしい)。

最初は物にこだわる人たちである。安田幸一さんは物の形式性・質料性としての「一本の線」、長谷川豪さんは物の形式性としての「物のサイズ」、宇野友明さんは物の質料性としての「物の感性」、門脇耕三さんは物の形式性としての「要素としての物」、である。

次に間に関して記してみよう。伊東豊雄さん、長谷川逸子さん共に主として間の形式性を操作されていて、伊東さんの基点は間の「体内感覚」、長谷川さんは間の「ガランドウ」のような広がりである。最後は関係性である。モダニズム建築において関係は建築を円滑に機能させる仕組みなのだが、坂本一成さんは関係の「矛盾」、青木淳さんは「非目的性」と二人共それまでのテーゼとはいささか異なる主張をされている。

さてこれら建築に内在する問題に対して、建築に外在する問題に話を移そう。私は『建築の規則』を上梓してから一〇年後に『建築の条件』（LIXIL出版、二〇一七）を著した。それは建築が建築に外在する問題系からもできていることを記しておこうと思ったからである。『建築の条件』は、男女性、視覚性、主体性、倫理性、消費性、階級性、グローバリゼーション、アート、ソーシャルという九つの項目を扱った。本書で紹介する、建築に外在する問題に重点を置く五人の建築家の基点は、ひと言で言うならば、山本理顕さんは「社会性」、古澤大輔さんは「転用」、田根剛さんは「未来の記憶」、豊田啓介さんは「複雑性」、中山英之さんは「映画性」である。これらは私が『建築の条件』で掲げた九つの項目に関係する部分もあるが、それを超えた広がりがある。さてこうした建築の外在性を本書では「世界」という言葉で呼んでみることにした。建築の外側を示す言葉として適当かと思われる。

坂牛　卓

第1章

物

Object / Materiality

安田幸一

研ぎ澄まされた線

Koichi Yasuda

1本の線に込められた意味を探す

安田アトリエは東京工業大学の建築学科のすぐそばにある。大学とアトリエを行ったり来たりしながら設計と研究教育を続ける安田さんは私と同じ日建設計に勤めていた先輩である。イェール大学に留学して帰国後最初の仕事が交番だった。外側の構造からドットポイントでガラスを留め付ける前代未聞のディテールに社内の図面検査が通らなかったのを思い出す。そんな安田さんの日建での最後の作品はポーラ美術館である。ガラスを支えるミニマルな構造、光るガラスの壁が構造・設備の一体感を感じさせる。安田さんは設備、構造、意匠の線を見事に形にする。徹底して選び抜いて無駄な線をそぎ落とす。建築における線とはそのまま建築の「物」であり、それは言い換えれば研ぎ澄まされた物を見つけ出していく作業なのである。

最初の師匠、篠原一男

――安田さんは、僕の大学の先輩でも日建設計の先輩でもあり、しかも篠原一男さんと林昌二さんという二人の先生は安田さんも僕も尊敬し、その下で勉強したというように、似たようなＤＮＡをもらいながらつくるものは全然違います。二人共アメリカに留学しましたが、安田さんは東海岸に行き、僕は西海岸に行ったという差がかなりあるのかもしれません。

安田　坂牛さんの師がチャールズ・ムーア、僕の師がバーナード・チュミで、確かにその違いは一八〇度くらいあるのかもしれませんね（笑）。

――安田さんの最初の師匠、篠原一男さんから得たものは非常に大きいと思いますが、いかがでしょうか。

安田　僕にとって篠原先生との出会いは、人生を変えるくらい大きなものでした。じつは僕は清家清先生に教わろうと思って東工大に入りました。ところが、三年生になったときに清家先生が六〇歳で定年を迎え東工大から藝大へ移ってしまったのです。藝大は同じ国立でも定年が長かったのですね。四年生から所属する研究室をどうしようかと悩んでいたとき、選択肢は二つ、茶谷正洋先生か篠原先生、どちらも清家先生の弟子ですが、まったく違いました。

大学三年生の頃に発表された「上原曲り道の住宅」（一九七八）、「花山第4の住宅」（一九八〇）に衝撃を受けて、篠原研に行ってみたいと思うようになりました。僕が研究室にいた時代は、篠原先生の第三の様式から第四の様式への変革期に当たります。四年生のときに「高圧線下の住宅」（一九八一）が竣工し、修士一年のときには「日本浮世絵博物館」（一九八二）で『建築文化』の撮影に立ち会いました。「GOTO HOUSE」プロジェクトでは、構造の木村俊彦さんと先生との打ち合わせを、「**構造の先生とはこうやって打ち合わせをするのか**」と思いながら横で見ていました。そのあたりが自分のものづくりの基点になっています。それは僕の最初の住宅「代沢の住宅」（二〇〇〇）や最新の「福田美術館」（二〇一九）など、制約の中でつくっていく、ネガティブな条件をポジティブな結果に変換していくことにつながっていると思います。それは環境条件であったり、法規であったり、建築は全てを受け入れなければならないことですし、制約のない建築はあり得ないのですが、その制約の中から創作に結びつけられる要素を引き出すことに面白さを感じます。当時の篠原先生の思いは分かりませんが、こちらが勝手に学んだことかもしれません。
もう一つは都市という視点です。先生のご指導もあり一九八一年の卒業論文の主題は現代都市の代表である「渋谷の街並み」でした。その内容を九〇年代後半に先生と共に発展させて『篠原一男経由東京発東京論』(鹿島出版会、二〇〇一)という書籍にしました。大学でも卒業後も先生は常に「都市と建築」について話し続けておられました。自由が丘のカフェでお茶を飲みながら、さまざまな都市の話をするのがお好きでした。

日建設計入社後、イェール大学へ。バーナード・チュミとの出会い

――東工大の大学院修了後、日建設計に入って、そのあとイェール大学に留学されています。その経緯とどのくらいの期間だったのか教えてください。

安田　一九八三年日建設計に入社後、五年目にアメリカへ渡り、ちょうど四年間東海岸で生活しました。入社当初からいつか外国で勉強したいと思っていました。
入社する直前に、僕の修論を手伝ってくれた後輩たちとニューヨーク旅行をしたのです。その当時卒業旅行は、僕にとっても初めての海外旅行でした。そのときニューヨークで大変な刺激を受け、またニューヘブンが比較的近いので、先輩を訪ねてイェール大学に行ってみたのです。大学周りの街中にはケビン・ローチ、エーロ・サーリネン、ルイス・カーンの建築があって、そういう都市環境の中

で学生が建築の勉強をしている。ポール・ルドルフ設計の校舎で学生が図面を描いている姿を目の当たりにして憧れました。また、翌年一九八四年に篠原先生がシーザー・ペリに招聘されてイェール大学に客員教授として教えに行くのです。そこで何かの折に篠原先生に海外で学びたいとご相談したら、「ぜひ行きなさい。ただし行くのならイェール大学しかない。**イェールだったら推薦状を書きます**」と言ってくださり、行くことができたのです。それが留学した理由です。

——それで無事イェールの大学院にいらしたのですね。

安田　修士一年のときの設計スタジオで、安藤忠雄氏と出会い、その後講師としてバーナード・チュミのスタジオに参加しました。当時チュミはコロンビア大学のディーン（学部長）に就任したばかりで、MoMAでデコンストラクションの展覧会が行われていた時期です。コロンビア大学のルールでディーンという立場では自分の大学では教えられなかったのです。スタジオの終了後、「来期からコロンビア大へ移籍して僕の事務所に来なさい」と言われました。新関西国際空港のコンペに応募するためだったのですね。でも僕が「せっかくイェール大学に来たのだから、イェールで卒業したい」と言ったら、「じゃあ来年、僕の事務所に通いなさい」と言われて、イェールの二年時は、申請する授業は水曜日に集中させて、イェール大のあるニューヘブンからニューヨークのチュミの事務所まで日曜を除く週五日、片道二時間かけて通いました。

チュミは午前中事務所でスタッフ一人ひとりに指示をして、午後コロンビア大に行って、夕方また事務所に戻ってきて宿題をチェックする。僕たちは一日中事務所にいるのですが、所員、学生との言葉のキャッチボールの中にチュミらしい大胆さと繊細さをいつも感じていました。僕は関空コンペで一・五メートル長の断面図を手で描いてインキングしていました。構造の窓口もやらせてくれましたので、幸運にもピーター・ライスとその弟子のヒュー・ダトンと直接のやり取りができました。ものづくりにおいてのエンジニアとのコラボレーションのやり方を学ぶことができたと思います。

イェールの大学院修了後、九〇年にチュミの事務所にそのまま就職して、一年間在籍するつもりでしたが、ちょうどそのときJR京都駅のコンペが始まり、日建とチュミが組んだので、四年目は日建の社命という形でニューヨークのチュミ事務所に戻りました。

イェールに通いながらのチュミ事務所ではコンペばかりでした。一年目は新関西国際空港、二年目は世界中のコンペを一か月に一つ提出して、三年目はJR京都駅。コンペの結果は二等、三等か落選。じつは「東京国際フォーラム」のコンペもやりましたが、「もう二等や三等はいらない」と言うので、僕の名前で提出しました。このままチュミのところにいても、結局実際に建つものができないかもしれないという危惧もありました。やはり実際の建築を建ててみたかったこともあり、長いコンペ生活を終えて日本に帰国しました。同世代の人たちは、日本経済が好調だったこともあってどんどん建てていて、その焦りもあったわけです。

帰国後の初めての仕事は交番の設計

――日建設計に帰って来られて交番の設計を始めたのですね。

安田　戻って最初の仕事が「桜田門の交番」（一九九三）でした。日建全社でいちばん小さな建築でしたが、幸運にもＳＤレビューに入りました。しかし、社内レビューでは林昌二さんが「**交番をガラスでつくるなんてあり得ません**。君は安田講堂が燃えたとき、何歳だったのですか？」とカンカンに怒ったのです。「小学校四年生です」と答えたら「駄目だこりゃ。そういう人に交番をやらせたのは誰だ！」と、五〇人の設計部員の目の前で槍玉に上がってしまいました。

――確か当初の案は建ったものと全然違うものですよね。ガラスの四分の一ヴォールトでそれを外側からドットポイントで留める案だという記憶がありますが……。構造が外にあるのは今ならば誰でもやっていそうですが、その当時とても画期的だったという印象があります。

安田　ペアの曲面ガラスを外からＤＰＧシステムでつかみ上げることも当時誰もやっていなかったのです。ピーター・ライスのＤＰＧを日本に導入した（当時旭硝子の）伊勢谷三郎さんに手伝っていただいて……。帰国後伊勢谷さんが「安田さんはピーター・ライスを知っているんだって？　じゃあ何か面白いことをやりましょう」と言って訪ねてきてくれたのがお付き合いの始まりです。林さんに賛成いただけなかったのですが、当時の上司だった三栖邦博さんと岡本慶一さんに「でもやりたいんで

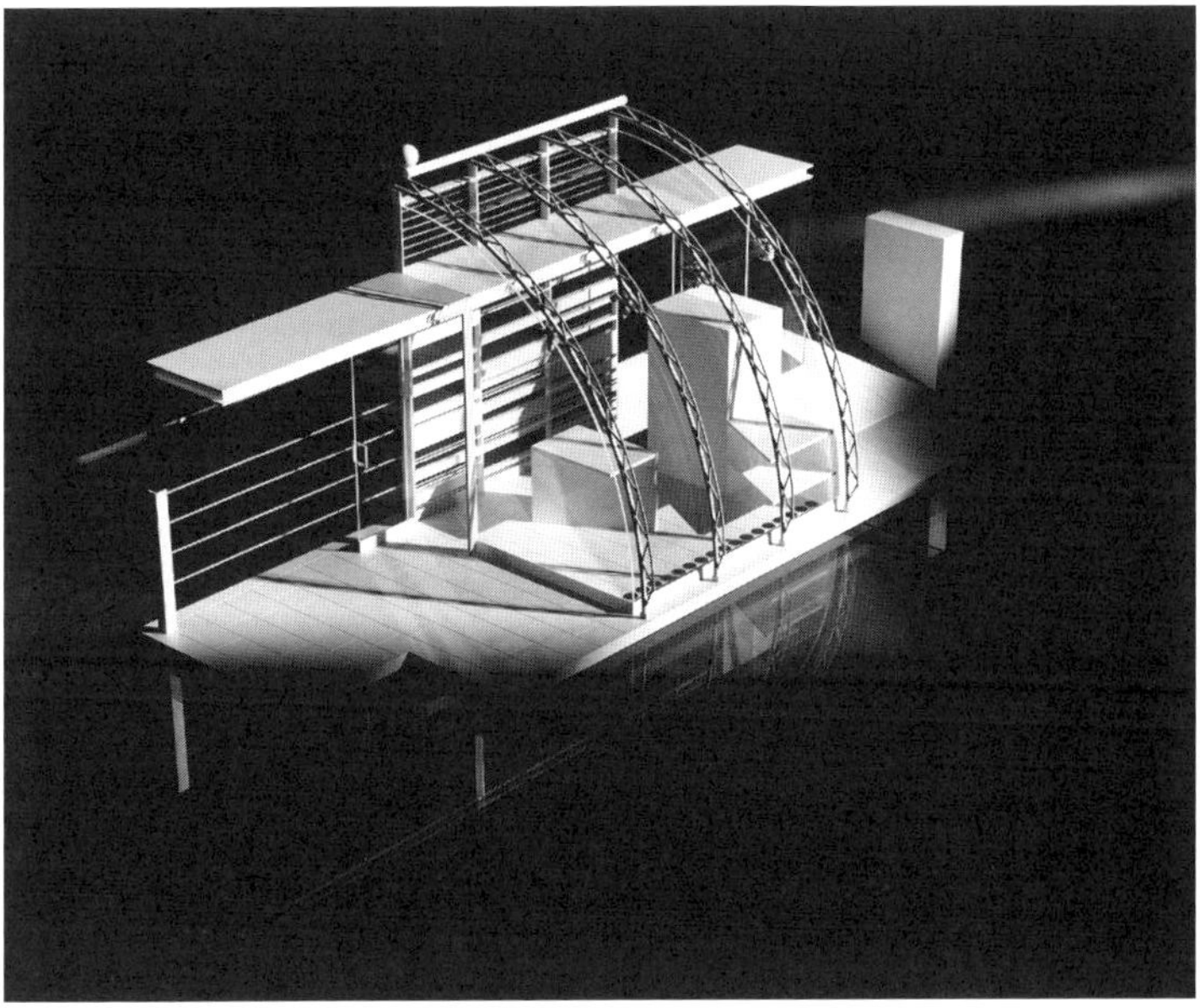

桜田門の交番 ガラス案（1993）（設計・監理 日建設計）

しょ」と言われました。懐の深い人たちでした。ところが地下が掘れなくなったので、結局地上案での設計をやり直しました。最終的には事務室、水回り、休憩室を統一するために全てガラスとルーバーの組み合わせで内外の視線をコントロールした案が建設されました。

三〇代で手掛けた「ポーラ美術館」

――日建設計は設計事務所の中ではずいぶん早く環境について取り組んでいたと思いますが、安田さんも非常に環境を重視した建築をつくっていらっしゃいます。「ポーラ美術館」(二〇〇二)もその一つで、国立公園の中につくる難しさがあったと思いますが、そのことも含めて設計についてお聞かせください。

安田　ポーラ社の故鈴木常司会長(当時)と林昌二さんとの四〇年来のお付き合いの中で美術館の構想が生まれました。鈴木会長が林さんと最初に出会った「ポーラ五反田ビル」(一九七一)の設計の

ポーラ美術館（2002年）ロビー（設計・監理 日建設計）

頃から美術品の蒐集を始めたそうなのです。鈴木会長は常々林さんに将来は美術館を建てたいからそのときはお願いしたいと言っていたそうです。

一九九二年にいよいよ「ポーラ美術館」の正式な依頼があったときの林さんはまだ六四歳でしたが、「私はもうできない」とおっしゃったのです。

「パレスサイドビルディング」が竣工したときの林さんは三八歳、「ポーラ五反田ビル」が四二歳、設計をスタートしたのは三〇代でした。三〇代で設計は十分にできるし、そうするとでき上がった後も三〇年以上メンテナンスできる。ところが六四歳で設計を始めて建ったとして、じゃあ何年見られるのか、そう考えるとこの年齢ではまずい。彼は自分の経験上そういう建築にしないといけないということで、事務所の中から三〇代の人が候補に上がって、最終的に僕が指名されました。でも僕が設計して実際に建ったものは交番しかありませんでしたから、「えっ、僕が担当ですか？」とビックリでした。

「ポーラ美術館」の話に戻ると、当時は環境のことなどまったく考えていませんでした。だって森の木を伐るわけですから。もちろん木を伐ることには胸が痛かったですね。建てなければそれらの木は存在するのに、僕が木を伐る悪人のようなことになって、夕刊の一面に「環境破壊」という記事が森で調査している写真も一緒に掲載されてしまったのです（笑）。

環境省との交渉に五年くらいかかりました。掘削する土量を抑えて、森を壊す範囲を最小限の円形にしたいと言ったら、「円形の建築は駄目だ」と言われました。円形の建築は国立公園内では建てられないという文章が昭和初期にできていたからです。しかし土木構造物なら良かったので、土圧からのコンプレッションはお椀状の土木構造体にかけて、建築は十字形としました。

――林さんはどのようにおっしゃいましたか。

安田　最初に案をつくるときに、事務所の設計者に加えて構造の梅沢良三さん、設備の佐藤英治さんに特別にチームに入ってもらって一週間に一回、テーブルを囲んで美術館とはどうあるべきか、皆で議論して林さんがコメントするというブレインストーム的な会議を数か月続けました。僕がまん丸のスケッチを持っていったら、「いいね、これでいきなさい」と言われて大きな方向が決定し、円形の建築が地面すれすれまで埋まっている案を提案しました。その丸いエッジにスリットがスーッと開いていて、その隙間が免震構造のクリアランスになっているイメージです。グリーンの円盤が地面にはまっている感じになったのです。

基本設計からつくり、案ができたのは九四年。竣工したのは二〇〇二年です。結局設計を始めてからちょうど一〇年かかりました。設計当初は環境について強く意識していませんでしたが、さまざまなつくり方の工夫を考えました。型枠の廃材を出さないプレコン主体の外装や、すり鉢型基礎、豪雨時に停電になっても排水可能な一〇〇メートルのトンネル等、後から落ち着いて振り返ってみると、じつは環境のことを常に念頭において設計していたことに気付きました。そのときは無我夢中でしたから。

土日アーキテクトで設計した「代沢の住宅」

――次に「代沢の住宅」についてうかがいます。できたときからとても印象的だったのが、彫刻のように浮いていて、またこんなに大きくなくてもいいのにと思うくらいのダクトが、とても篠原一男先生っぽいと思いました。階段を上がってくるところでキッチンと居間の動線を分けていますが、この階段の傾斜角度があとにお聞きする「福田美術館」とそっくりで緩いのです。篠原先生にはあまりこういう階段はないと思いますが、安田さんの建築には、斜めの空間と緩やかな動線が常にあると感じました。この建築について少し説明してください。

安田 なるほど緩い階段のこと、坂牛さんに指摘されて初めて自分の好みに気付きました。この住宅は、僕がまだ日建設計の設計室長時代に個人の方が友達を介して頼んでくれたのです。

――「ポーラ美術館」をやっていた頃ですか。現場監理もしたのでしょうか。

安田 「ポーラ美術館」の現場が始まる頃に完成しました。土日アーキテクトとして図面を全部手で描いた時代です。事務所が当時九時一〇分始まりでしたので、毎朝八時に現場に行って、気になったところに付箋を貼って、三〇分所長と話してから出社しました。土日に図面を仕上げたり、模型をつくったりして、当然事務所の人には頼めませんから完全に一人です。ところが発表のときに『新建築住宅特集』(二〇〇〇年六月号)の表紙にしていただき、個人名が出たために「彼はバイトしている」と役員会で問題になってしまって……。そうしたら幹部の方が「良いじゃないですか。彼はゴルフもやらないし、ゴルフの代わりに**土日に趣味で設計をやっているわけだし**、本業の仕事に支障がないのだから」と言ってくださって……お咎め無しになったのです。

でも、この住宅が独立のきっかけになってしまったかもしれません。自分一人で設計して区役所に行って、個人名の一級建築士の免許で申請して楽しかったのです。普通は、住宅から設計してだんだん作品が大きくなるのに、僕は逆で大きいのをつくってから住宅をつくって、また篠原研時代から久しぶりに住宅に関わって設計することがとても楽しかった。

僕は日建設計に未来があると思ったし、好きだったし、設計室長として二〇人くらいのチームで楽しくやっていました。でも全てのプロジェクトを見られないのです。優秀な人がたくさんいたので僕が見なくても良かったわけですが。「ポーラ美術館」も事務所の設計メンバー、構造・設備の皆が頑張って、あのクオリティができ上がった。だから日建という場をもらった上でのもちろん素晴らしい仕事だったけれど、自分にとってこれ以上のことはもうできないと「ポーラ美術館」の現場に行って薄々感じていました。そして二〇〇〇年に着工して二〇〇二年に竣工しましたが、たまたま二〇〇一年後半、だいたい施工図確認が終わった頃に母校東工大からお話があったのです。大きな建築の設計を教えるためにということでした。そして二〇〇二年九月七日に「ポーラ美術館」が竣工し、その月末に日建を退社、一〇月一日から大学生活がスタートしました。

東工大の施設を設計

――その後いくつか住宅を設計されたあと、東工大の「本館前プロムナード」と、「緑が丘一号館レトロフィット」を同じ二〇〇六年につくられています。当時、国立大学の施設の設計には、あまりその学校の建築の先生は携われない風潮がありました。それを安田さんが東工大で見事にやられて、話題になりました。どういういきさつでこれらに携わられたのか、また二つの施設の考え方を教えてください。

安田　私が設計する立場において二つの軸があります。一つはアトリエであり、建築の設計ができる場としてとても重要です。もう一つは研究室で、キャンパス内つまり学内のプロジェクトは基本的に学生たちと一緒に設計します。学生との協働作業では、図面も全部学生が描きます。実施設計は外部の設計事務所と協働して設計します。今の施設部長はお付き合いを始めて五代目くらいですが、時折プロジェクトの相談を持ちかけてくださり、それはとても有難いことです。その最初のきっかけが「レトロフィット」です。

――大学側が相談してくれるようになるまでが、普通大変だと思いますが……。

安田　確かにそうかもしれません。**じつは最初の「レトロフィット」は頼まれもせず勝手に設計したのです。**構造の竹内徹さんが着任したのは二〇〇二年一一月、僕とはほぼ同時なのです。竹内さんと二人で大学院の授業（設計スタジオ）をやろうということになり、そのとき、彼が「建築学科の入っている校舎である緑が丘一号館が耐震性能を満たしていないので耐震補強が要る」と言い出したのです。それならそれを修士一年生のスタジオの課題でやろうということになりました。

それで学生全員で案をつくってきたものを見ながら、竹内さんと二人でスケッチを描いて、実施案に近いものをつくりました。実際の工事はいつかはやらざるを得ないと思ったのですね。そうしたら二〇〇三年一月の終わり頃「安田先生、緑が丘一号館耐震補強案の図面があるんだってね」と施設運営部長が訪ねてきて、「国から耐震補強の発注が出たのですが、今からでは間に合わないのでその図面を使わせてもらっても良いですか」と言ってくれたのです。そこからお付き合いが始まりました。それで時折施設課にお邪魔して、ある意味学内営業活動をしたのです。

――「本館前プロムナード」や「緑が丘一号館レトロフィット」は、大規模プロジェクトを動かした経験がなければマネージメントできないし、技術力がなければ難しい。うまくいったのは安田さんだからなのだと思います。

安田 キャンパスのプロジェクトは日常では通常発生しない、学生たちの目の前で起こる事件のようなもので、それを経験させたい。また彼らが将来僕のように大学に戻ってくることもあるかもしれないし、そのためにもちゃんとやっておきたい。僕は「建築はラグビーだ」と言っています。先輩には球を投げられなくて、後輩にしか投げられない。そしてつないでいかなければならない。そういう意味においてキャンパスのプロジェクトは重要なのです。

――安田さんはそのあと「東工大附属図書館」（二〇一一）をつくられて、それは「本館前プロムナード」とキャンパスデザインとして連続しています。「本館」があって、安田さんの設計した「本館前プロムナード」をずっと延ばして大井町線を越えるブリッジをつくるために「附属図書館」を全部地下に埋めたのですよね。上にちらっとガラスの箱が浮いているように見えます。

安田 大井町線の線路を跨いで、坂本一成先生設計の「蔵前会館」と「附属図書館」とがブリッジでつながるように、ブリッジの設計と基礎構造はすでに用意されています。
もともとの図書館は大岡山の正門を入った正面にありました。耐震補強を着工しようとしてコンクリート強度が通常の半分しかなくて補強できないことが判明し、それで当時の施設運営部長が掛け合って、幸運にも予算が計上されました。これこれの予算でこれくらいの規模で建てることを施設運営部と計画して、学生と共に夏休み期間に基本的な図面とヴォリューム模型をつくりました。
敷地について、当初は本館の中庭に屋根をかけて内部化することを提案したのですが、防災面で難しく、それならキャンパス内でいちばん利便性の高い正門近くの現在の土地で地下に設けざるを得ないと結論付けたのです。学習スペースは地上に出しました。もう一つ、建物ヴォリュームを地下にしている理由は、隣に建つ篠原先生設計の **「百年記念館」のモニュメンタリティを損なわないようにしたい**という強い意図もありました。

——この「附属図書館」と「東京造形大学CS PLAZA」(二〇一〇)がほぼ同時期に竣工しています。この規模のもの二つを大学の先生をやりながら同時期に竣工させるのは、非常に大変なことだったと思います。

安田 「附属図書館」は大学で、「CS PLAZA」はアトリエでやりました。「附属図書館」の実施設計は佐藤総合計画と協同で行いました。「CS PLAZA」は実施設計までアトリエでやりました。アトリエにはデザインパートナーの北田明裕さんら所員が三、四人しかいませんので、一人一件やっているという感じで相当大変です。幸い一緒にプロジェクトを進める相手が、構造は金箱構造設計事務所や、設備はイーエスアソシエイツや森村設計のように超一流のエンジニア集団なので、いつも助けてもらっています。日建時代とは違った緊張感があり、ある意味楽しいことです。

――木村俊彦さんやピーター・ライスなどとのやりとりの緊張感を見たり、実際にやったりしてきた経験の延長上にあるのでしょうか。

安田 そうかもしれません。今も構造や設備事務所からのスケッチが来るたびにとても緊張しますが、それは新しいアイデアが生まれるチャンスでもあります。お互いに案を出して、交換しながら徐々に建築のレベルが上昇していくことが目に見えて分かるのが楽しかったし、それは今でも変わりません。

構造・設備の線を統合する

――「福田美術館」(二〇一九)の話に移ります。この建築はとても環境に溶け込んで見えます。内部のストラクチャーがテクトニックに見えていることが展示空間の特徴だと思います。だいたい多くの博物館や美術館はロビーで勝負していて、展示空間はおまけのような逆転現象が起きているように感じますが、この美術館はロビーはもちろん展示空間も素晴らしいです。テクトニックな構造の現しは安田さんの建築全てに通じていて、構造をきちんと見せるというスタンスでつくられている気がします。だからこそエンジニアとのやりとりが緊張感のあるものになっているのではないでしょうか。緩やかで

福田美術館（2019）展示室

美しいRの梁は、何でできているのでしょう。

安田　鉄骨です。六〇×二〇〇ミリのフラットバーで柱と梁なのです。つながっていて、サッシ兼構造柱で、片側はRC壁の上に載せています。非常にプリミティブなコンクリートの箱と鉄骨構造というように、素直に表現したかったのです。ところがどうしても精度が要求されてしまいます。金箱温春さんからはいつも「**安田さんの建築は構造とガチンコ勝負している**」と言われます。

環境からのいろいろな制約を整理しながら考えていくとき、構造・設備とコラボレーションすると、それぞれの立場で全員が違う自分の理想の線を引きますが、僕はそれらの線を消して意匠の線を描きたいと思っていません。みんなの汗も拾っていきたい。そうすると一本描くときにどうしても構造や設備を残したいし、いろいろな案が最終的には生きるようにしたくて、それは全てにおいてそうなのかもしれません。昔の線を消すことなく継承して自分の線があるくらいがいいですし、いつもそれを見つけ出す作業をしているように思います。

「ポーラ美術館」のときに、「すごい施工技術とこれほど多くのエンジニアがいて、君は何をやったの?」と言われたことがあります。そう言われると「確かに何もやっていないなあ」と……。でもプロジェクト全体を整理するのが建築家の役割で、結果として僕の個性はそう出ていないのかもしれません。というのか、個性は消したいといつも思っているのです。

――いつも個性を消したい、難しいことは言わないとおっしゃっていますが、じつは個性がとても出ていますね。テクトニックな空間、緩やかな階段、透明感のある空間性は、初期の頃から連綿とつながっていて、その全体のミックスが誰にも真似のできない安田さんの個性になっています。今日お話を聞いていちばんよく分かったのは、一つの線を探すことなのですね。構造・設備・文化・歴史、それらを全部含めて一つの線がきっとあるという。それが安田さんの個性であり、類いまれな才能だと思います。どうやったらそんな線を探し出せるのでしょうか。

安田 自分ではあまり意識はしていませんけれどね……。

――時間はかかるでしょう。

安田 それはそうですね。どちらかというと消す作業ですから。その一本がものすごくいろいろな意味を持つというのが理想です。それはミニマリズムともちょっと違うのですが……。ただ、やはり篠原先生の下で育ったので、少ない線、研ぎ澄まされた線の存在感を大切にしています。そのように**一本の線に込められた意味を探す**ことを、ずっと学生時代から訓練させられて、自分の中にしっかりと残っていると思います。

二人の師から引き継いだもの

――安田さんは林昌二さんの家を引き継いで住まわれています(「小石川の住宅/「私たちの家」改修」(二〇一三))。もしあの場所に安田さんが設計しても似たような家を設計したのではないかと思ってしまうのです。安田さんのつくるものとあそこの空間は、ある種の同じ空間性がある気がします。先ほどの「代沢の住宅」の空間観と今の「安田邸」(「小石川の住宅」)の空間観は極めて近いと感じたときに、じつは林昌二と篠原一男は結局は同じ穴のむじなであり、安田さんはその子どもだったのかと思いました。

安田 藤岡洋保先生に「安田くんは面白いね。片や篠原先生という師を持ちながら、同時に林昌二という師をもつのは君しかいないよ」と言われました。考えてみたら、二人は清家研の同級生で学年も同じ、林昌二は大きなものをつくって、篠原一男は住宅作家と呼ばれていましたが、じつは学生時代の林昌二の卒業設計は住宅、篠原一男は大学キャンパスというようにクロスしています。でき上がったお二人の建築はかなり共通しているものがあるような気がするのです。

林さんがつくるような空間に類似したものを自分が設計できるかどうか分かりませんが、現在その空間に住んでいるということは、可能性としてはあるのかもしれません。空間として素晴らしいし、庭との関係も良好な状態で改善されているのですから……。ラグビーではありませんが、何とかつなげたいと思っているだけです。いつもゴールしようとは思っていなくて、パスしようとしているのです。

設計と教育はイコールである

――最後に、同じ教育者として聞きたいのですが、建築の教育として何が重要だと思っていますか。

安田　設計することと教育することはイコールだと思います。それは教育の場だけではなくても設計事務所でも、いろいろな若い人と一緒のチームで設計作業を行うわけですからやはり一種の教育です。一方通行ではなくて、逆にこちらが教えられることも多いです。設計製図の授業は、事務所での会話とほとんど同じですよね。実現性があるかどうかくらいの差です。しかし、実現性がないものを考えるのも大事な時間で、チュミは常に教育の場を自分の刺激剤にしていましたね。篠原先生もたぶんそういうところはあったはずです。だから教育は決して与えるだけのものではなく、そこから自分たちが得られるものもたくさんあります。それと先ほどのラグビーですね。**恩恵は上の世代からはもらえるけれど、上には返せない**ので、下に返すしかないと常々思っています。

（二〇一九年一二月五日　安田アトリエにて収録）

長谷川豪

Go Hasegawa

身体の外側に出る

長谷川豪さんの事務所は私の事務所から歩いて行ける市ヶ谷の外濠に面している。大きな框横引きドアのある建物で道路に開かれている。長谷川さんは物の大きさを見つめる建築家である。それは師匠(西沢大良)譲りの目線である。長谷川さんの処女作「森のなかの住宅」に始まり、多くの建物に長谷川さん独自の物の大きさが提示されている。天井高、階段、机、ドア、窓、吹き抜けまで、物のデフォルトの大きさから逸脱することで、その物はもはや元の物としての属性を放棄しているかのように見える。長谷川さんの大きさの決め方は特有で、彼は自分の意識がその自分の大きさの外側に出て行くような感覚を建築につくりたいと言っている。つまり人間の持っているデフォルトの大きさの感覚を超えようとしているのである。それは建築の単なる大きさを超え、人間の感性と建築の大きさの新たな関係を構築することなのである。

師との出会い

——長谷川さんは東京工業大学で塚本由晴さんの研究室にいらっしゃいました。まず、塚本さんからどのようなことを学んだのかお話しください。

長谷川　僕は一九九六年に大学に入学して、学部二年で建築学科に入る年に塚本研ができました。塚本さんは当時専任講師で、僕たちは最初の学年だったこともあって距離が近く、いろいろなことを教えてくれました。僕にとって塚本さんは初めて会った建築家で、それまで建築家の仕事は建物や空間をデザインすることだと思っていたのですが、**建築には批評空間というもう一つの空間があること**を学びました。建築家は実空間と批評空間のどちらかではなく両方を思考する必要があるということ、それら二つの空間の響き合いこそが建築なのだという考え方が新鮮でした。塚本さんの言葉には建築や都市を、考えてもみなかった角度から切り込んでいく鮮やかさがあり、アトリエ・ワンの建築に限らず、他の建築家の建築、建築家なしの建築についても、よく議論させてもらいました。

――在学中に海外へは行かれたのですか。

長谷川　夏と春にヨーロッパに三回行きました。修士のときは、フランスのラカトン&ヴァッサルの事務所にインターンに行きました。二〇二一年プリツカー賞を受賞しましたが、当時はスタッフ三名ほどの小さな事務所でした。

――大学院修了後は塚本さんの同級生である西沢大良さんの事務所（西沢大良建築設計事務所）に行かれましたが、それはどうしてだったのでしょうか。

長谷川　東工大では西沢さんの作品はいつも議論の対象になっていました。西沢さんが書かれた「規模の材料」（『新建築　住宅特集』一九九八年四月号）という論文に、「建築とは規模である、それはあらゆるビルディングに開かれたものである」とあって、そこまで原理的に建築を位置付けていることにとても驚きました。修士二年のときに、「ちょうど小さなコンペがあるのでそれをやってみる?」と西沢さんに誘ってもらいました。行ってみたらその頃はほとんど仕事がなくて、毎日深夜までいろいろな議論をしました。とても楽しかったですね。

――三年後に西沢さんのところから独立したときは、すんなり辞められたのでしょうか。

長谷川　僕に設計依頼があったのです。それが最初の仕事になる「森のなかの住宅」(二〇〇六)で、母の親友が軽井沢に別荘を建てたいという話でした。僕は五～六年くらい西沢事務所で実務を身につけたいと思っていたので、事務所でその仕事を請けて担当することを西沢さんに相談したら、「自分でやってみたら」とおっしゃったのです。背中を押してくれた西沢さんには感謝しています。

建築の大きさで森の環境を感じる

――『考えること、建築すること、生きること』(LIXIL出版、二〇一一)にご自分の作品を振り返っていろいろなことを書かれていて、「森のなかの住宅」については斜め上を見上げるとか斜め下を見下ろすというような、長谷川さんの一つの求めるものというか、設計の傾向のようなものが出ています。だいたいこのインタビューをしていると、皆さん最初の作品が改めて最後に出てくる。巨匠にいたってもそうなのです。だから長谷川さんも晩年になったら、またこれをつくるのだろうという気がします。

長谷川　「森のなかの住宅」ができた一年後くらいに藤森照信さんが取材で来てくださって、家の中で

お話ししたのですが、藤森さんも同じようなことをおっしゃって、「**長谷川さんはこの住宅で発見したものを生涯かけて考えていくことになる**」と。その意味がよく分からなくて、少しムッとして「毎回違うことをやりますから」などと反論したような気がしますが(笑)、その五年後くらいに、TOTOギャラリー・間で展覧会をして作品集(『Go Hasegawa Works』(TOTO出版、二〇一二)以下、『作品集』)をまとめたときに、藤森さんの言っていることがようやく分かったような気がしました。

――この「森のなかの住宅」の、光を透かした切妻天井のある空間が不思議ですが、なぜこのようなことを考えたのでしょうか。

長谷川　もともと建築の大きさに興味がありました。小住宅だろうが公共建築だろうが、建築は人間の身体より大きい。そんなこと当たり前ですよね。でも恐らく多くの人が、建築の大きさは用途や予算や法規から割り出されるものくらいにしか考えておらず、建築の大きさを身体的に捉えていないと思っていました。

「森のなかの住宅」の設計で重要視したのは、周りに広がる森の環境をどのように感じることができるかということでした。例えば窓の外に広がる風景は、窓の大きさでフレーミングされます。そのときに単に窓を大きくするのではなく、もっと違う形で自然環境を感受できないかと。そこで小屋裏を介して、いつでも「建築の大きさ」を感じられるようにしました。切妻屋根の頂部に天窓を設けているため、大きな屋根の下面はいわば巨大なレフ板のようになって風景や光を受け止めることができる。小さな部屋の中にいながら、「建築の大きさ」で森の環境を体感することができる。だからこの断面は、建築の大きさをどういうふうに経験に置き換えることができるかを考えた結果なのです。

この住宅を設計しながらイメージしていたのは、変な言い方ですが「**どうやったら自分が建築になれるか**」ということでした。建築そのものが光や風を感じていることをどうやって知覚できるか。

――それは自分と建築が一体化するということですか。

長谷川 そうです。人間が自分の身体の外側に出るために、より大きな環境とつながるために、この小屋裏を設計したようなところがあります。

身体の外側にどうやって出ていけるかということは、今も設計しているときによくスタッフに話します。スタディしているときに断面図に描いた身体を建て主あるいは自分自身に見立てて、その空間にいて、どんな感じ方をするか想像するわけですが、僕はそれに加えて、断面図に描いた人の意識が身体の外側に出ているか、**身体よりも大きな感覚器官を建築が提供できているか**を確認しているようなところがあります。「自分が建築になる」というのは、そういう意味です。

誰も目をつけないところをテーマにした設計

――このインタビューのためにずっと長谷川さんの作品を見ながら、サイズやプロポーションについて感じていました。長谷川さんは、建築の空間構成の中でスケールを感じさせることを巧みにやっているように思います。しかも普通の人が目をつけないような、例えば「森のなかの住宅」でいえば小屋裏ですが、そういうところに目が行くのはどうしてでしょう。

長谷川　誰もが知っているけれど、デザインの対象になっていないエレメントに惹かれます。建築の専門家じゃない僕の母親でも小屋裏やバルコニーがどういうものか知っているし、小さな子どもも切妻屋根に格子窓の家の絵を描く。これは建築のすごいところだと思っていて、地球上のほぼ全ての人間が日々の生活の中で建築に関わり、建築を知っているんですよね。だから建築家は人々とコミュニケーションできる。誰もが知っていながら陳腐化している建築の要素に目をつけて、新しい使い方を見いだし、新たな体験を提示することで、人々は自然にそれを使い始めることができる。すでに知っているから誰でも使いこなせるわけです。

――「桜台の住宅」(二〇〇六)では一階中央に巨大なテーブルがあって、やはりこれはサイズがとても出ている建築であり、人が見過ごしていることを丁寧に処理するということなら、この家ではテーブルに目をつけたのでしょうか。これはもはやテーブルではなくて一つの部屋のように思います。

長谷川　そうですね。これは姉の家なのです。夫婦共に小学校の先生をしていて、姉の唯一の要望が書斎をつくってほしいということでした。でも、当然僕は家族のことをよく知っていたこともあって、少し思い切った提案をしました。

皆で四メートル角の大きなテーブルを囲んで勉強したり仕事したりするけれど、それぞれは別の部屋にいるというところが肝だと思っています。夫婦の書斎と子ども室二つが対角線上にあって、テーブルを囲んでいます。それぞれの部屋が隣り合っていないのにもかかわらず、この巨大なエレメントを共有するわけです。大きな家具ともいえるし、環境ともいえます。

身体や住宅のサイズを都市につなげる

――「五反田の住宅」(二〇〇六)あたりから、すごく小さな階高と、大きな階高が対比的に登場してきます。また、この家では螺旋階段が半分外部に飛び出しています。この外部を隙間と言っていて、『作品集』では建築には外と内が発生して、それをどう関係付けるかと書いています。それらについてもう少し聞かせていただけますか。

長谷川　「森のなかの住宅」「桜台の住宅」「五反田の住宅」は、ほぼ同時に設計していたこともあって、この三つは自分の中で連続しています。この「五反田の住宅」で言うと、狭い敷地の中にあえて二棟建てて、あいだに隙間を設けています。その隙間はエントランスと階段室を兼ねたホールとしていますが、**ホールの幅は一・二メートルと身体的であり、高さは一〇メートルで建築的です**。身体的かつ建築的なスケールを持つこのホールの空間は、大きな扉を開け放つことで都市につながる。

僕らは無意識のうちに空間を、身体的、部屋的、建築的、都市的というように、スケールごとに分類してしまいますが、生活しているなかでは、それら全ての空間は連続的でひとつながりですよね。むしろ計画する側のほうがそれらの分断を強化している気がして、身体や住宅のスケールをどうやって都市環境とシームレスにつなげることができるかを考えていました。

誰のものでもない場所

――次に、半地下の家「狛江の住宅」(二〇〇九)についてうかがいます。僕らの世代、法規は必要悪だと教わりました。ところが、塚本さんは「うまく利用するためのツールだ」と言って、「ガエハウス」(二〇〇三)などは法規を巧みに利用してつくっています。この「狛江の住宅」を見たときもうまく地下をつくっていて驚きました。また、階段で斜め上や斜め下に人を引き込むことは、長谷川さんの建築ならではの魅力だと感じました。もう一つはじつに不思議な庭の存在。これらについて聞きたいです。

長谷川　これは東京の住宅地の中で設計した初めての住宅です。「五反田の住宅」は東京都心の密集地ですし、「桜台の住宅」は三重の郊外で広い敷地でした。それもあって、住宅地に建てることについて考えました。

配置をスタディするなかで、「ヴォリュームと庭」という構成に限界を感じ始めたときに出てきた案の一つでした。もちろん住宅なので建て主が使うものですが、どこか彼らの占有するスペースからはみ出していくような、誰のものでもないような空間をつくりたかった。プライベートが集まる住宅地こそ、そうした占有意識から自由になるような場をつくることで、**建て主に新たな自由を与える**ことになるのではないかと。それは最初の三つの住宅から続くテーマともいえます。

──三つの住宅の場合は一応プライベートスペースですが、「狛江の住宅」は、敷地いっぱいに建物が建っていて、その半分を占める半地下の空間の上が庭になっています。頭の上に人が侵入してきてもおかしくないような感じもあって、そういう意味では「誰のスペースでもない」と言われると納得します。世界への広がりを感じて、非常に大らかでいいなあと僕は思いますが、普通に考えたら、クライアントはあまり「うん」とは言わないかもしれません。

長谷川　プライバシーを強化することは簡単にできますが、どんどん窮屈なものになるし、社会を暗く閉鎖的なものにしていきます。いかに住宅を閉じないで、でもぎりぎり建て主のものでもあるような状態をつくれないかと考えました。

この住宅は奥さんの実家の建て替えだったので、隣家との付き合いもありました。新たにあそこに土地を買って入っていくのであれば、この提案はできなかったかもしれません。

──地下といえどもすごく明るく感じます。長谷川さんのプランニングでは、階段を使って空間を分節することが、特徴的のような気がします。

長谷川　そうですか。初めて言われました。

地下にしたのは、この敷地は第一種低層住居地域で、建ぺい率が五〇パーセントだったこともあります。アトリエ・ワンや佐藤光彦さんなど上の世代の人たちが、容積率不算入の法規を利用して半地下三階建ての形式の小住宅をたくさんつくられていました。それとは違う形で、高さ一メートル以下の建物は建ぺい率不算入になるという法解釈をうまく使いながら、地下を持つ住宅を考えました。

――それで「森のピロティ」(二〇一〇)ですが、この場所は最初の「森のなかの住宅」と同じ軽井沢ですね。

長谷川　「森のなかの住宅」は旧軽井沢ですが、こちらは北軽井沢です。北軽井沢は雨が多くて湿気も多いので、周りを見ると高さ一メートルほどのコンクリートの高基礎が立ち上がっていて、その上に木造を建てるという形式のものが多いのです。そこに目をつけて、このプロジェクトではピロティを使った新しい森の過ごし方を提案しました。

「森のなかの住宅」のときは、家の中にいることばかりを考えていたような気がして、その反省もありましたし、バーベキューができるようにしたいという建て主の要望もありました。せっかく車で三時間かけて北軽井沢まで行くのだから、新たな森の生活について改めて考えてみたかった。そこからあの大きな半屋外の空間が生まれました。

――このピロティも「狛江の住宅」の庭のように「誰のものでもない場所」のようです。ピロティは六・五メートルもの高さがあります。この高さはどうやって決まったのでしょうか。

長谷川　土地の管理会社の人から、秋に落葉すると三階の高さから浅間山が見えると教えてくれたことが、一つのきっかけになりました。リビングの大きな窓を浅間山の方角に向けているため、秋になるとよく見えます。

木造・家型・二階建て

――長谷川さんを特集したスペインの建築雑誌『EL CROQUIS（エル・クロッキー）』一九一号（二〇一七・一一）の表紙になった「駒沢の住宅」（二〇一一）は、階高の設定が高い天井と、ものすごく低い天井が隣り合っている、このサイズのつくり方がすごいと感じます。

長谷川　東京の住宅のタイポロジーの一つである「木造・家型・二階建て」はいつかやりたいと思っていたテーマでした。この住宅の切妻の外形は、斜線制限などでほとんどＭＡＸのヴォリュームで、そうすると隣の家とほぼ同じ形になるのですが、このように法規という外在的な条件が都市建築のタイポロジーを規定しているところが面白いと思っています。**周りと同じであることを単に否定するのではなく、同じ条件の中でどうやって違う意味と経験をつくれるかに興味があるんです。**では新しい二階建ての経験をどうつくるか。いろいろなスタディを経て階高、つまり断面図のどの高さに横線＝床を入れるかがテーマになりました。

――階高をテーマにしようと考えたのは、途中からなのですね。

長谷川　スキップフロアにすることなども考えましたが、いろいろと試行錯誤するうちに、住宅としてはとても高い四メートルの階高にして、かつ横線を「点線」にする断面図が出てきました。床をスノコ状にして上下階の空間を分けると同時につなげることを考えたのです。

――「経堂の住宅」（二〇一一）は実際に外から見ましたが、とにかく薄い屋根に驚きました。長谷川さんの作品には高い低いもそうですが、厚い薄いみたいな話もあって、いろいろなところにサイズ感を探求しているように感じます。

長谷川　坂牛さんから先ほど階段でスペースを仕切ることを指摘していただいたときに思い浮かんだのがこの住宅でした。短手方向に階段を設けないとこのプランは成立しません。このことから始まって、階高も、プランニングも、一階の構造や床の厚さも決まりました。

――階段から決まったのですか。すごい、そういうこともあるのですね。

長谷川　建て主がずっとマンションに住まわれていて、平屋に住みたかったけれど都心は土地代が非常に高いため難しい。でもできるだけ縦動線の短い家にしたいという要望から設計が始まりました。階高は一九六〇ミリで、天井高は一八二〇ミリです。「駒沢の住宅」と同時期に設計していて、これも「木造・家型・二階建て」をテーマにしていますが、ここではさらに屋根の重さについて考えること

経堂の住宅(2011)

になりました。以前から小住宅の木造の屋根が気になっていました。昔の民家のような大きなスパンで、大きな梁を使っているような架構は、今見てもいいなあと思いますが、小住宅だと木造の屋根や梁はどうしてもボテッとしたプロポーションになってしまう。ローコストの住宅ですが、構造家の大野博史さん(オーノJAPAN)とディテールも細かくスタディして、屋根材、防水、断熱、構造を含めて総厚六センチの鉄板の屋根をつくりました。

——階段は一〇段しかなくて、いい感じです。一階の天井高が一八二〇ミリでも横が開放的なので、息苦しくないのですね。とても開放的な一階だと思います。

長谷川　外構から室内まで、コンクリート平板を中外地続きに連続させていることが効いているかもしれません。

立面で考える建築

——やはり階高に特徴のある「石神井公園の住宅」(二〇一三)はいかがでしょうか。

長谷川　クライアントはカメラマンで、家をスタジオにしたいという要望がありました。実際にここにモデルさんが来たり、物を運んで撮影されたりしています。撮影のために室内に距離を確保する必要があったので、道路際から奥行き方向に最大長さを持つヴォリュームにしました。またカメラマンなので敷地に合わないほどの大きな車を持っていてその駐車場が必要でした。さらに庭も欲しいということで、駐車場と庭に挟まれた細長い立面をつくる案が生まれました。

この住宅あたりから立面について少し考え方が変わってきました。「経堂の住宅」では壁面のフレキシブルボードの三×六、四×八の二つの規格を使って立面をつくりましたが、僕はそれまで立面を積極的に考えることは正直あまりなかったのです。二〇一一年からスイスのメンドリジオ建築アカデミーで教え始めたのですが、一緒に教えているサージソン・ベイツのジョナサン・サージソンなどは、毎週ひたすらアパートの立面のドローイングを、二〇分の一の縮尺で瓦の目地の通し方まで学生に描かせて、この窓のプロポーションがどうだ、などと学部二年生と議論していました。**日本の大学で平面を描かずに立面だけで議論するなんて見たことない**ですから、とても驚きました。そうした経験や、ヨーロッパに通うなかでいろいろな都市の建築を見て、立面に対して少し意識が変わりました。この「石神井公園の住宅」や「御徒町のアパートメント」(二〇一四)はそうした変化が現れていると自分でも思います。

――ではこの見事に細い家型の「石神井公園の住宅」の立面は何を意識したのでしょう。正面も重要ですけれど側面も大事ですね。

長谷川　その一〇年ほど前にこの地域の規制が変わって三階建てまで建てられるようになり、敷地面積は変わらずにどの建物も高さ方向だけ伸びていました。三階建ての切妻のヴォリュームという共通言語を使いながら、立面のプロポーションを細長くすることで周囲と異化させることを考えました。

――「上尾の長屋」(二〇一四)も立面なのでしょうか。

長谷川　そうですね。これも立面を意識し始めた頃のものです。プランを立ち上げたものがそのまま立面になるというつくり方が一九九〇年代以降の日本の住宅作品のスタンダードになっていましたが、先ほど話したようにヨーロッパに行くようになって街並みや都市住宅のタイポロジーを、より意識するようになりました。それまでも周りとの関係を考えていましたが、少し抽象的に捉えていたところがあって。「石神井公園の住宅」やこの「上尾の長屋」の頃から、**周りに対してどう顔をつくるか**、どう並ぶかを意識して考えるようになりました。

――これも階段を使って空間を二つに分割する構成で、長谷川さんの特徴だと思います。階段をどんどん上がっていくと最後は屋上に出られるのですね。斜めに構成されている水回りなど、細かく考えられているプランだと思いましたが、この建物のコンセプトがエレベーションだったということは、読み解けなかったので驚きました。

長谷川　立面と階段だけで二世帯住宅をつくるプロジェクトだともいえますね。『エル・クロッキー』の編集長が一週間ほど滞在してほぼ全ての作品を一気に撮って回ったのですが、その最初の撮影がこの「上尾の長屋」でした。僕は何も説明していないのに「この建築はとてもよく分かった」と言われて驚きました。この作品は海外で反応がいいというか、大学などでもよくレファレンスに上がっているようなのですが、日本だと地味な作品だと思われているような気がします。それは建築の**エレベーション文化の違い**なのかもしれません。

ヨーロッパの歴史を知り日本の歴史を認識する

――ちょうど「上尾の長屋」をつくられている頃に『カンバセーションズ――ヨーロッパ建築家と考える現在と歴史』(LIXIL出版、二〇一五)というヨーロッパの建築家六組(アルヴァロ・シザ、ヴァレリオ・オルジャティ、ペーター・メルクリ、アンヌ・ラカトン&ジャン=フィリップ・ヴァッサル、パスカル・フラマー、ケルステン・ゲールス&ダヴィッド・ファン・セーヴェレン)へのインタビューをまとめた書籍を出されています。すごく面白くて、あれは偉業だと思います。ヨーロッパの建築家がこれだけみんな違った特徴があることにまず驚きました。歴史を更新するという大きなテーマがありますね。

長谷川　日本の建築家は世界的に高い評価を受けていますが、海外に行くようになって、日本の現代建築の「浅さ」が気になり始めました。建築家だけでなく建築メディアの責任もあると思うのですが、次の建築のトピックは何だ、次の注目の若手は誰だ、と近視眼的に「次」や「新しさ」ばかりを求めている。あるいは上の世代に対して次の世代ではこう変わったというような、十年程度の狭い時間の中で考えている。僕はそれを「**ポストというイデオロギー**」と表現しましたが、ひたすら話題を横にスライドして消費し続ける価値観に違和感がありました。そうした近視眼的な歴史観ではなく、縦に議論を積み上げていくような歴史観をつくれないか。ヨーロッパの建築家の議論を聞くと、歴史のことばかり話していて、逆にヨーロッパの若手はそうした議論に飽き飽きしていて、日本は自由で軽くていいなとよく言われたんですね。そこでヨーロッパの建築家と歴史について議論することを通じて、**現代建築にとっての歴史について考えてみよう**と思い、『カンバセーションズ』をつくりました。

――そのことはその後の長谷川さんの設計の中にも目に見えるような形で出ているのでしょうか。

長谷川　例えば先ほどの立面に対する意識の変化などは、やはり時間や歴史というものを再考するなかで出てきたものだと思います。立面は、建築が社会的存在であるということの表れであって、もしかしたらそこは日本の建築家に少し欠けているところかもしれません。自分の敷地の中だから自由にやっていいというのではなく、都市に建築をつくるということはどういうことか、さらに現代建築がどういう風景をつくっていくべきか。『カンバセーションズ』に取り組むなかで、こうしたことをさらに意識するようになりました。

ジレンマに陥らずに建築を考える

――長谷川さんの規模論というかサイズ感は、長谷川さんが独立されてから一六年貫いてきているテーマ

のような気もするし、実際そうなのでしょう。それは当然のことながら、新たな地平を巡って今考えていることがあったら教えていただきたいと思います。

長谷川　海外でレクチャーすると、「あなたがやっていることは面白いけど大きなプロジェクトでもそれができるの?」というようなことを皮肉も含めて言われるので、そこは答えを見せたいと思っています。最初にもお話しした自分の身体の外側に出るという話はスケールレスで、住宅も公共建築も身体より大きいという意味では同じです。これまでの思考と地続きにして、大きな建築でもどこまでできるかを示したいですね。でも大きさが重要だとは全く思いません。大小さまざまな、いろいろなプログラムに挑戦していきたいです。

今日お話しさせていただくなかで、改めて自分がスケールやプロポーションに着目してここまで設計活動をしてきたことを再確認しましたが、それは建築が陥りやすいジレンマから自由でいたいからだと思います。例えば最近、建築の社会性か自律性かという話題をよく耳にしますが、そんなの建築にとって両方とも大事に決まっています。そうしたジレンマに陥らないところで自分は建築を考えたい。**スケールやプロポーションはとても古い概念でありながら、まだまだ更新していける。**そこに広大な自由を感じます。イデオロギーやスタイルなどに左右されずに、尺の長い建築をこれからも目指したい。そこは信じていいかなと思っています。

（二〇二一年四月二〇日　長谷川豪建築設計事務所にて収録）

宇野友明

自分でつくる物

Tomoaki Uno

僕は
現代の棟梁

宇野友明さんの建築は物質感に満ちている。徹底して物の特性を感じ取りながらつくっていることが写真から伝わってくる。そして実物を見るとその事実はさらに強烈に肌に伝わってくる。「肌に」とあえて書くのはそれが視覚的にそう見えるのにとどまっていないからである。視覚が触覚を発動させ、触ってもいないのに温度感や粗密感、場合によってはその気持ち良さまで感じ取れるのである。建築を見てそういうことを感じることは時としてある。しかし宇野さんの建築は、一つひとつどの場所にも、その感覚を誘発する素材とディテールが隠されているのである。

インタビューのはじめに

――僕は今の建築に必要なものとして、「感情」「技術」「物」「共同性」の四つがあると僕の著書『建築の設計力』(彰国社、二〇二〇)で書き、その中の「物」の項で、宇野さんを取り上げました。「物」に対する嗅覚・執念みたいなものは、他の日本の建築家にないと感じたのです。そうしたら宇野さんがその本を読んでくださったと僕のFacebookに書き込んでくれて、それをきっかけにインタビューとなったわけです。宇野さんの著書『見たことのない普通のたてものを求めて』(幻冬舎、二〇一九)も私の学生たちの多くが読んでいて、僕も読み終えました。あまり図面なども発表されていませんが、作品集『Visible Invisible』(風出版、二〇一〇)の中に平面図が結構ありまして、写真と図面を追いながら可能な限り見られるインターネット上のデータを見たり、事前に送ってくださった詳細図を見たりして、僕の中の宇野さんがだんだん構築されていきました。『見たことのない普通のたてものを求めて』を読みながら、そして今日このインタビューの前に案内していただいた宇野さんの作品を見て感じながら、いくつかお聞きしたいことをまとめました。家族、建築との出会い、設計施工、素材とディテール、メンテナンス、設計をするときに大事にしていることなどのお話を聞いていきたいと思います。

家族のこと 両親からの影響

――宇野さんは自ら設計施工を行う建築家であり、それは、お父様の影響がとても大きいように感じました。

宇野 僕の家は左官業をしていました。最初は一〜二人だった職人が、高度成長の時期もあって、いちばん多いときで一五人くらい、中には住み込みの人もいました。そのため朝から晩までずっと職人と一緒という環境だったので、**僕自身も職人になることを運命付けられて育ちました**。特に小学校の頃は、モルタルを練ったり運んだりする左官の仕事をよく手伝わされて、小さい身体できつかったのです。それが嫌で、こんな楽しくない仕事は絶対にやらないと決めていました。中学生のときは遊んでばかりいて行く高校もなく、そうしたら父はこれ幸いと「中学を出たら修業に行け」と言い出し、一念発起して高校に入ってなんとか逃れたら、今度は「高校を出たら修業に行け」と言われ、大学に入ってまた逃れることができました。

でも僕が大学に入るときには高度成長が終わり、バブルになるちょっと手前だったので、左官の仕事もモルタル仕事が増えてきてあまり面白いものではなくなってきたのです。なので父も僕が大学に入るときには、僕を左官職人にすることは諦めていたようでした。

――お母様との話も聞かせてもらえますか。

宇野　母は生まれたときから心臓に欠陥があって、医者から止められたのに命の危険を冒して僕を生みました。ずっと身体が弱く、いつも寝込んでいたので、僕は小さいとき母がいつ死んでしまうのか怖くてしょうがなかったのです。学校に行っても毎日「今日は生きているかな。元気でいるのかな」と家に入るまで怖くて、あとで考えるとそれが死と向き合っていたことになるのでしょうか。死は真実ですから嘘やごまかしがききません。だから本当のことは何なのだろうと向き合うことが幼少の頃常にあって、今の**僕が物に対してリアリティを追求するのは、母の死に常に向き合っていたことが大きく影響しているのかもしれません。**

子どもの頃の自分は、大人は職人としか付き合っていませんでした。今思うと、職人は会社員とは全然違う生き物なのです。ある意味で確実に実業であり、毎日やった仕事が成果で、それだけでしか評価されません。僕の生と死に対するリアリティと、現在の僕の考え方や建築のやり方、職人の仕事の仕方とが一致しているのです。

建築との出会い

――それでは建築との出会いについてお願いします。

宇野　大学は建築学科に入りましたが、将来何になるかは全然決めていませんでした。とにかく一級建築士を取って親に恩返しをしたら何か職業を選ぼうと思っていたのです。僕たちの学生時代は、野武士と呼ばれていた建築家が皆の憧れでした。影響を少しでも受けたいと、その人たちの事務所に行った同級生もいます。でも僕はなんとなく強い影響を受けたくないと考えていました。別に誰かの二番煎じだったら建築をやる必要はないので、やるんだったら自分のオリジナルというか自分の道を行きたいと思っていました。それで、あえて父の紹介で地元の公共の営繕などをやっている所員四〜五人の小さな設計事務所に入りました。

その頃、安藤忠雄さんやミース・ファン・デル・ローエやルイス・カーンに興味を持って、この人たちを越えることはできなくても理解して同じレベルで仕事をしたいと思いました。それにはここからの人生では間に合わない。そこで**二七歳のときに友達付き合いも趣味も一切やめて、建築のことしかやらないと決めました**。約八年勤めて住宅を二軒つくり、ひと通り業界のことを理解することができたので事務所を辞めて、その後アメリカを二、三か月放浪して帰って来てから結婚して、すぐに独立しました。その間に母が亡くなり、事務所を始めたものの仕事はありませんでした。また、ずっと直面してきた母の死が現実になったことを受け入れられず、さらに翌年に父が亡くなったこともあり、約二年間引きこもりになってしまったのです。

――よく生きていられましたね。

宇野　その頃に支えられたのが禅宗の本でした。母の生と死と宗教観が僕の中でリンクしていて、それが生きることと唯一つながっていたのです。本を読みながら午後になると臨済宗のお寺に座禅を組みに行っていました。一年以上通っているうちにちょこちょこ仕事の話が来て、外に出ざるを得なくなり、だんだん人と話ができるようになって、仕事もまともにできるようになったのですが、まずは生きていくために確認申請や建売住宅の図面を描いていました。三〇歳で独立して、税金を払い始めたのは四〇代からです。

――今六〇歳ですよね。じゃあ独立して一〇年間はそのような苦しい思いをしていたのですね。

宇野　そうですね。たまに設計の仕事があっても、設計料をもらう前に工事を始めてしまって……。三〇代後半はやりたいことが先で、経済的なことをまったく考えられなかった時代です。その頃は、安藤さん、ミース、カーンのディテールをリメイクするくらいの気持ちでひたすら真似ていました。でもリメイクできないのです。

例えば、真似していてもここの寸法はもう少し細いほうがいい、逆にここは太いほうがいい、この素材は違うだろうというように、自分なりの感覚が出て真似したくなくなるのです。そうするとカーンと自分、安藤さんと自分、ミースと自分とがちゃんと分かれて自分なりに身体化されるというか、しっくりくるという感じでした。ここ数年、たまに大学に招待されて学生に話をすることもありますが、そこでも「自分を知るには徹底的に人を真似ないと駄目だ」と話します。

――立面のプロポーションとかではなく、真似るのはほとんどがディテールなのですか。

宇野　そうですね。写真家の西澤豊さんに、建築家も写真家も、プロポーションのセンスは持って生まれたものであり、訓練しても身につくものではないと言われました。僕がつくったものを一つ西澤さんが見てくださって「君はそのセンスがある」と言われて、それを今でも信じています。建築は素材を寸法で描く詩であり、**素材に寸法を与えて詩をつくることが建築家の仕事**だと思っています。詩人が言葉の持つ質量も考えて言葉選びをするように、建築家にとっては素材選びと寸法がその質量になりますが、人を真似ることによって、自分なりの質量を身体化できます。自分の空間に寸法を与えたときに自分の感覚と違和感がないことが、建築家にとってすごく重要なことだと思います。

僕は設計途中で模型をほとんどつくりません。つくらないほうがいいと思っています。それがどうしてか最近やっと分かってきたのですが、古来の日本の大工も西洋の大工も模型をつくっていません。奈良や京都に行って近代以前の建築を見て感じるのは、大工や棟梁たちはみんなセンスがものすごくいい。寸法やバランスが身体化していて、身体感覚のみで、現実のスケール感は実物で勝負できたのです。例えば車にナビゲーションを付けると空間感覚がなくなってしまいます。模型をつくることは車にナビゲーションを付けるようなもので、便利な模型やCGを建築家は見てはならないのです。今の建築家は、CGや模型に頼り過ぎ、つまりナビゲーションの見過ぎだと思います。

僕はCGはつくりません。スケッチブックに手で描きます。パースも自分で確認するために描いていますが、ほぼディテールです。

――何分の一で描くのでしょうか。

宇野 原寸で描く場合もあるし、二分の一、五分の一のときもあります。現場で感じた寸法感覚を、事務所に戻って描いて、それをそのまま写真を撮って職人に送るという、即興みたいな仕事をしていて、最近感覚でつくることをますます先鋭化させています。だから設計を請負契約したときの図面と現場がまったく違います。もちろん機能の齟齬は約束違反ですから変えるときは必ずクライアントに確認しますが、機能を変えなければ勝手にやってしまいます。

――このスケッチブックは何冊くらいあるのですか?

宇野 一〇何年分何十冊もあります。契約前に予算をつくるために、ここにディテールを一生懸命時間をかけて描きます。ディテールを考えるだけでも他の設計事務所の何倍も時間がかかっています。

設計したものの施工を手掛ける

――次に設計施工の話に移ります。一般に施工は施工業者が行うものですが、宇野さんは建築家でありながら建設業許可を取得して自ら施工しています。これが宇野さんの真骨頂で、なかなかこういう人は世の中にいません。どうして設計施工をするようになったのでしょうか。

宇野　工務店と仕事をすると、建築に工務店の意思も反映することになります。もちろん良い建築をつくりたいと思っている工務店ばかりなのですが、やはり第一の目的は経営なのです。僕は工務店の経営を支えるために建築をつくりたくなかったのです。建築は自分がつくりたくて、クライアントが喜ぶもの、ただそれだけのためにつくりたい。つまり目的をシンプルにしたかったのです。

三〇代の一〇年間、工務店の事情をなるべく省いて建築をつくるために、工務店を入れずに分離発注や施主の直営とかいろいろなやり方を試しましたが、結局責任の所在がはっきりせずに、クライアントからの信頼が得られませんでした。それで新しいやり方を考えるしかないと考えて、四〇歳で自宅をつくったときに、設計施工全部を自分で責任を持って仕事にすると覚悟を決めました。建設業許可を取るには経験が必要で、二～三年かかって取得して、そこから本格的に請負契約を取るようになりました。そうすると、全ての責任が自分に来ます。クライアントにとって設計でいちばん大事なのは予算と機能です。その二つについて集中的に僕自身もスキルを上げることを心がけました。

――それはクライアントの予算内で建築をつくるということでしょうか。

宇野 そうですね。どういうつくり方があって、これには何人工《にんく》かかって、どうしたらこの予算に収まるかを徹底的に勉強し経験を積みました。**予算書をつくって、その予算の中で絶対つくると宣言し、自分にプレッシャーをかけるような仕事の進め方を自分に課してきました。**僕は自由に好きなように建築をつくりたいという最終目標があるので、それにはクライアントに信用してもらうしかありません。そして最終的には信用ではなくて、信頼してもらえるようにする。信用はお金が関わることで、信頼はお金抜きで人間的に信じてもらうことです。そのためには約束を守り、言ったことは実現するというスキルを上げていきました。

――今日インタビューの前に宇野さんが手掛けた作品をいくつか拝見しましたが、宇野さんのクライアントにお会いしたら、皆圧倒的に宇野さんを信頼して尊敬、崇拝していてすごいと感じました。宇野さんも「これどうなっているの？ どうしたの？」と、親しい友人のように非常にカジュアルに話しかけるのです。こういう建築家とクライアントとの関係は素晴らしいと思いました。

宇野 良いものをつくるのに人間関係の上下を絶対につくらないことが大切だと思います。それは建築をつくる細部に関してまでもいえます。クライアントも職人も良いものをつくりたい同志である。そのことを僕は徹底しています。

――設計者はお金を確約できない立場にいますから、施工までやることによってお金の管理ができるのですね。

宇野　**今、設計者とクライアントの関係は、タクシーの運転手と乗客に例えることができます。**乗客は運転手が目的地まで安全に連れて行ってくれるだろうかという不安を常に抱えている状況なのです。でも、「安心して後ろに座っていてください。眠っていてもちゃんと幸せな場所にお連れしますよ」と、自信を持って言えるだけのスキルを身につけることが大切です。

――クライアントは飛び込みだとおっしゃっていましたが、頼んでくる人は、宇野さんがこういうものをつくるということをなんとなく知って頼みに来るんですよね。

宇野　もちろんです。中にはお金がなくても覚悟を決めて頼みに来られる人もいますし、僕もそういうクライアントほどやりたくなってしまいます。小さい仕事はほぼボランティアになってしまいますが、そういう人ほど捨て身で強い熱意があるのです。

ディテールとプランを一体に考える

――宇野さんのスケッチブックをざっと拝見すると、プランもエレベーションも何も描いていない、ほとんどがディテールなのです。いつプランを考えているのでしょうか。

宇野　じつは考えてはいますが、僕はなかなかプランを出しません。依頼が来てからはクライアントにメールでずっとインタビューをします。メールでするのは記録が残るからです。つまり図面ではなく言葉で確認をするようにしています。機能の確認や部屋の大きさや使い方の確認を経て、コンセンサスがある程度取れた段階でプランをまとめていき、最後に一案だけ一〇〇分の一の大きさで出します。それは三か月後のときもあるし、半年後、二年後くらいのときもあります。最後の一案だけ出すときには、だいたい詳細まで全部決まっているので原寸図も描きます。

クライアントには機能の確認だけをして終わりです。あとは細かい棚の高さや、ドアの大きさなどを調整するくらいで、一案を出してほぼ全てを決めてしまいます。そのときにはディテールもほぼ決まっていて、だからプランとディテールは一体であり、プランが先でもディテールが先でもありません。

――ディテールは、これだけ描かれていますから、これまでどんどん進化してきているのでしょうか。

宇野　**僕は人の真似はしても、自分の真似は絶対にしてはいけないと思っています。**だから同じことはしない、絶対に違うことをやります。それは単純に楽しくないからです。ワクワクしない仕事はしません。それのほうが僕もスタッフも職人も楽しいからです。建築や現場に絶対にＪＯＹ（喜び）を生まないといけないのです。

――新しいことをするためには、職人の技術も必要ですし、新しい素材を使おうとすればその素材の知識も必要です。感性だけでは済まないような気がしますが、どうでしょうか。

宇野 それは経験だと思います。しょっちゅう失敗して、常に補っています。職人に謝って、もう一度ここをやり直すということは頻繁にありますが、職人たちは何か新しいものや見たことのないものをつくろうと挑戦する僕の好奇心に共感してくれます。みんな仕事が好きで、好奇心旺盛です。

――職人も誰でもいいというわけではないですよね。どうやってそういう人を探してくるのですか。

宇野 偶然会うこともありますが、いい職人に、いい職人がいないかどうかを聞きます。いい職人同士はだいたいつながっていますので紹介してもらいます。僕の仕事は好奇心ややる気、想像力が必要なところが多いので、なかなかそういう職人は少ないです。だからたまにそういう人がいると会いにいきます。**いい職人に会えたときの喜びほど大きなことはありません**。自分の可能性が広がる気がしますね。

愛情や深い洞察を持って素材を選ぶ

――素材に対してはどういう考えを持っていますか。

宇野 僕は素材の質量がとても大事だと思っています。仕上げを考えるときも、コンクリートはコンクリートの質量に相当する何かを合わせる。一つの空間の中にある場合、同じような質量の素材を自

高峯の家（2021）

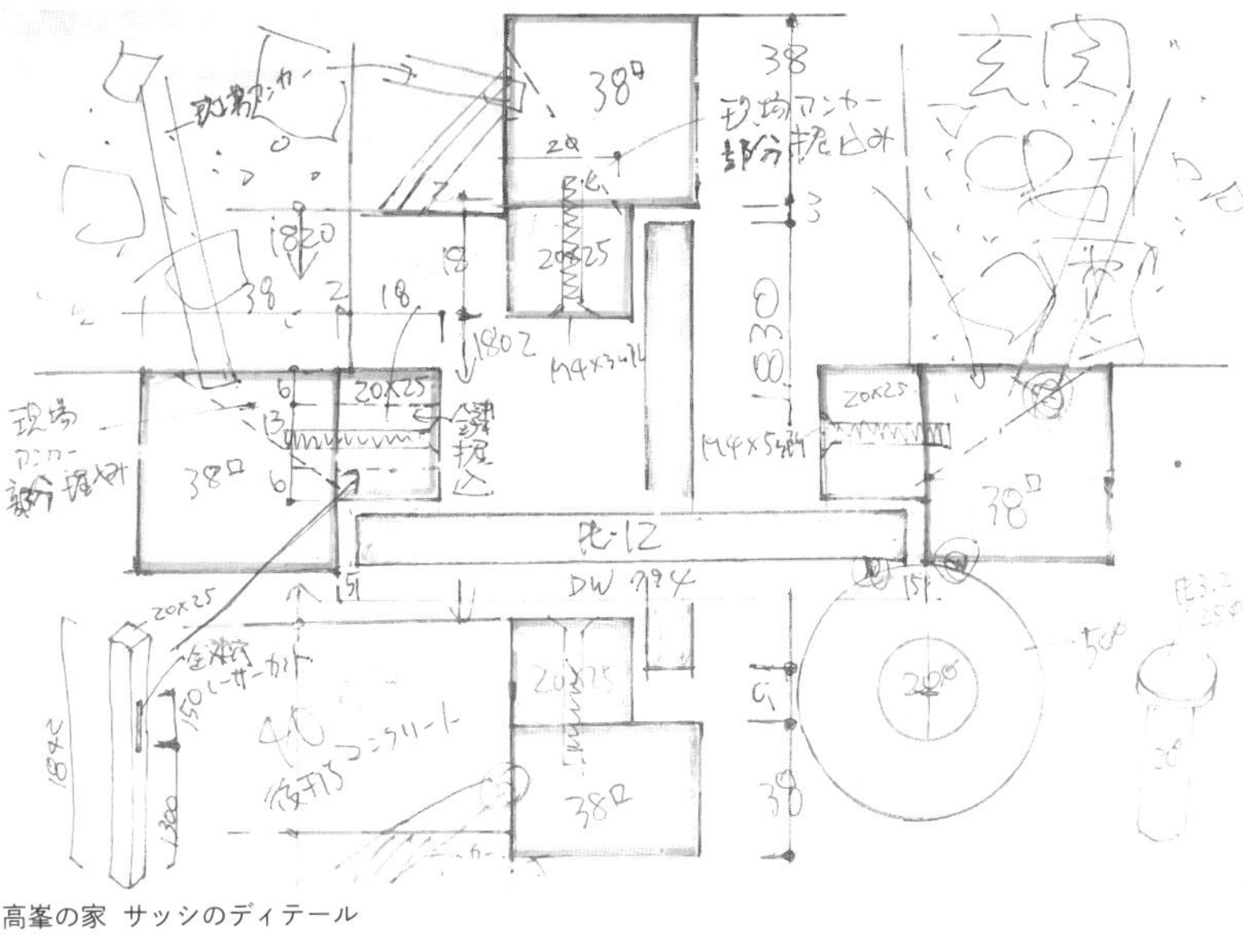

高峯の家　サッシのディテール

分のセンスで合わせていく能力が建築家には必要だと思います。そういう質量やバランスを無視して、単に木ならいいだろう、石ならいいだろうというものには僕は共感できません。漆喰と白いペンキを間違っている建築家は結構いますが、素材に対する愛情や深い洞察がない建築に出会うとがっかりします。でも今とても多いですね。漆喰の代わりにペンキを塗っておけば安く済むし、コンピューターの画面上で見れば違いが分からないので、建築家は普通にペンキを塗ってしまいますが、建築はリアルな世界にあるリアルなものです。画面の中にあったり、雑誌の写真の中にあるわけではないのです。

――作品を見てすごいと思ったのは、室内側はあまに油とかを塗っているけれども、室外側はそのまま朽ちろという感じで外装の木材に全然ペンキを塗らないですし、鉄もコンクリートも何もしていません。だから自然とエイジングしていく。それがすごいのです。

宇野　自然のままに、神様に力をお借りするというような感覚です。室外のほうが神様の影響を受けやすいのです。現代の人は自然を受け入れることがすごく苦手ですが、僕のクライアントは比較的最初からそういうことに寛容な人が多いのです。

メンテナンスを極力減らすようにつくる

――外装にペンキを塗らないこととか、仕上げをしないことができるのは設計施工をしているからだと感じます。クライアントが「ペンキを塗ったほうがいいのではないですか？」と言ったら、「メンテナンスをしてください、私が行きますから」って言えるんですよね。普通の建築家はそうは言えません。

宇野　クライアントにそういうものだと説明するのです。自然の中で生きていたらどんな素材もエイジングしていくわけですから、そこに逆らうとどんどん人の手を加えることになってしまいます。

――最近は何でもメンテナンスフリーがいいという考えの人もいますが、僕はとんでもないと思っています。宇野さんはどう思いますか？

宇野　もちろんメンテナンスフリーのほうがいいのですが、建築にとって時間も自然です。それは抗いようのないことで、それに共存していくものは自然しかないと思っているのです。僕は基本的に建築に人工的なものを施せば施すほど、メンテナンスは増えると思います。人工的なものほど時間という自然に抗うものなのですよね。だから人工的なものをなるべく避けることによって、メンテナンスを少なくするという考えです。自然には自然で対応するというような。その代わり**自然にエイジングしていき風化していく、腐るものは腐る。それは何千年も続いた日本の文化**です。今は人工的な工業製品を使えばいいというような風潮ですが、結局数年しか持たないようなものばかりです。時間・自然を共存させないからいい年の取り方をしなくなってしまいます。

でも、取り替えられるように設計していますので「最終的に駄目になったら替えられますから」と言って説得します。

——宇野さんの作品はどれも、鉄にしても木にしてもコンクリートにしても素晴らしい素敵なエイジングをしていました。これは海外ではたまにありますが、なかなか日本の建築では見られません。あと素晴らしいのは、壊れるようなディテールをしないという考えも徹底しています。

宇野 変な設計、変な施工、変なディテールをすると全部自分に降り掛かってきます。メンテナンスが増えてしまうと設計する時間がなくなってしまいますし、職人も嫌になってしまい、これまで四〇何件手掛けてきて、メンテナンスに行かなくてもいいように仕事をしてきたというか、**メンテナンスが楽なようにディテールも考えてきました。**特に建具関係は、建具職人といつも相談してメンテナンスがないようにしています。

設計するときに大事にしていること

——宇野さんが、設計で大事にしていることを教えてください。僕が宇野さんから発見した言葉は、「セレンディピティ（幸運なアクシデント）」「汎用性」「情緒」「感性」「コンセプトはいらない」「伊勢神宮」などがあります。

宇野 「偶有性」もあります。

——それはどういう意味でしょうか。

栄生の家（2017）にじり口

宇野　建築家が図面をつくることは、「こういうふうにつくってほしい」と頭の中で考えたことをリメイクできるようにすることであり、それが僕らの仕事のように思われています。つまり図面があれば誰でもどこでもつくれる建築ということですね。でもそれは建築家のやることなのかと思ってしまいます。汎用性を持つものをつくり出すことは究極ハウスメーカーの仕事であり、建築家のやることはそれと逆行するのではないでしょうか。そこでしかできないものをつくることが「偶有性」であり、建築家の仕事だと僕は思っています。

――つまりオーダーメイドでつくることですね。

宇野　その場所でその瞬間にそのクライアントとでしかできないものに近づける。それが、建築家がやることだと思います。ガウディがまさしくそれをやっていたらしいのです。僕は建築家のやることは、現場での事件を積み重ねていくことだと思っています。

――現場でなし得たことを、スケッチブックに描いているのですか。

宇野　そうですね。そういうことの積み重ねです。

大学のとき、よく先生に、「もっとオリジナリティのあるデザインをしろ」と言われました。でもよくよく考えると、人が理解できないからこそオリジナリティであり、理解できるようならオリジナリティとはいえないのではないでしょうか。

それよりも現場でその瞬間に起こった出来事やハプニングのほうがよっぽどオリジナリティがあります。今日坂牛さんに見ていただいた「高峯の家」（二〇二一）の床の模様は最初で最後のものなのです。「栄生《さこう》の家」（二〇一七）ももう二度と再生できない。僕が頼んだときに職人の手元に入った鉄板が、偶然縞模様だったのです。あれこそがオリジナリティです。僕のオリジナリティではないけれど、僕が仕組んだことになります。誰もが真似できないし、写真に撮っても伝えられません。そういうことを仕掛けること、**日々その瞬間をつくることが僕は建築家のオリジナリティだと思います。**

――宇野さんは、自分は伊勢神宮やパルテノンと対等なものをつくると著書に書かれていて、読んだときはよく分からなかったのですが、宇野さんの建築を見てよく分かりました。考えてみれば日本にある伊勢神宮と同じ土俵で建築をつくるのは極めて自然なことであり、実際に宇野さんはそういうものをつくっているとすごく感じました。

宇野　伊勢神宮と同じ土俵で仕事をするというのは、戦うという意味ではなくて、同じように千年経っても別に当たり前におかしくない、普通だと思える建築にしたいということです。

毎回違うゲームをつくる

――施工の実践はなかなか真似できませんね。施工をやりたい建築家は僕の周りにもいますし、実際やっている人もいますが、こんなにちゃんとやっている人を僕は宇野さんしか知りません。

宇野　海外からディテール集をつくれというメールがたくさん来ます。昔はディテールをCAD化したものがありましたが、最近はその時間もなく、このスケッチブックをコピーするしかなくて、ますますガウディっぽくなったと皆に言われます。僕のオリジナリティというのはゲームを毎回つくり替えていることです。そこで職人がパフォーマンスをするだけなのです。最初は僕も皆と同じように、すでにあるゲームに参加していたのですが、それではつまらなくなって毎回違うゲームをしています。

――まだ六〇歳ですから八〇歳くらいまで仕事をするとして、二〇年間どんどんゲームが変わっていくということですね。

宇野　そうですね。やっとこの歳になって、少し建築家として自信ができてきました。今まで積み重ねてきたことで社会に恩返しできるというか、チャンスがあれば大きい小さいにかかわらず、面白いものがつくれる予感がしています。

ただ、公共建築とクライアントが誰か分からないような会社の仕事はやりません。僕が現場で即興的に変えているような仕事は公共建築では絶対できません。だからまずやりません。というよりもできないというほうが正しいかもしれません。あとクライアントが誰だか分からないような、サラリーマン経営者のような会社の仕事もやりません。ワンマン社長で、宇野に任せとけと言ってくれるようであればやりますが。大きさにこだわらず、クライアント次第でやらせてもらえれば何でもやります。

――今日は具体的な作品の話は、ほとんど出ませんでした。

宇野　自分の建築をどう説明していいのか分からないのです。僕がつくった建築は、そのときに生きていた証だけなので、自分の哲学や思想がそれに表現されているという実感もありません。結果的に自分がそのときに楽しく一生懸命仕事をした、職人たちが自分の肉体で表現した形が建築だっただけで、そのときに自分が充実して終わっている、それだけでいいと思っています。

僕は現代の棟梁なので、このやり方では僕が本流だと思っています。今の建築家が現在の社会的システムにはまっているだけで、本来の建築家が生まれた西洋の土壌も僕に近かったのではないでしょうか。

コンセプトで建築を語ることの意味が分かりません。もっと身体的な感覚で理解して、というか納得して、頭で建築をつくるのは間違っている、そう伝えたいです。

（二〇二一年二月二一日　宇野友明建築事務所にて収録）

門脇耕三

自律するエレメント

Kozo Kadowaki

物がのびのびするように考える

門脇耕三さんが設計した事務所兼住宅は私鉄沿線の駅のそばにあり、このインタビューもその「門脇邸」(二〇一八)で行われた。彼は建築のエレメントのことを考えている建築家である。それらは柱、梁、壁、窓、扉、襖、欄間など物そのものなのである。しかし彼は、これらの伝統的なエレメントを、これまでのあり方を超えて現代の物に変換しようとしている。そのためエレメントをつなげる既成の関係性の構図を一度ご破算にして、エレメントを自律的に駆動させ、エレメント同士の衝突を許容しようとしている。そしてそうしたエレメントを「都市」へつながるものへ昇華させようと考えている。第一七回ヴェネチア・ビエンナーレ国際建築展(二〇二一)では、日本館(主催 国際交流基金)チーフキュレーターとして日本の家屋を解体して現地で再築する非予定調和なエレメントの衝突を展示した。門脇建築の基点の一つの結果である。

白い箱の建築からエレメントを構築した建築へ

――ヴェネチア・ビエンナーレの日本館のコンペで採択されたタイトルが「エレメントの軌跡――建築の生産の連鎖をデザインする」で、これは言ってみると門脇さんのライフワークというか、ずっと考えていることかと思います。それの一つの結論がこの「門脇邸」ではないでしょうか。最初に構法やエレメントに対して門脇さんが考えていることからうかがいます。

これまでに門脇さんが語っているエレメントの話から、「エレメントの切断と連続」という概念を大変興味深く思いました。それは非常に大きな概念ですが、それを含めて門脇さんが考えてきた道筋や経緯を教えていただけますか。

門脇　僕は二〇一二年に明治大学に着任して建築構法の研究室を持つことになりましたが、そこで初めて、これまで構法についてきちんと考えたことがなかったことに気付きました。もちろん、もともとの専門でしたから興味はあったし研究もしていたのですが、博士論文では構法をむしろ抽象的に扱うアプローチを取っていました。そこで、これからは**「物そのもの」の可能性を追求してみようと思っていた**矢先に、二〇一二年の『SD2012』の第二特集を企画してみないかという話をいただいたのです。ところで、その当時の日本の建築は、白くて抽象的でステレオトミック[*1]な表現が主流で、みんなが図式と言っていましたが、ダイアグラム的な建築が多かったのです。僕はその潮流には限界を感じていて、だからこの特集では、抽象的なことではなく、構法に焦点を当ててみようと考えました。

構法の分野では、建物の全体ではなく、部分だけを考えることがありますが、そうした部分を指す言葉に「エレメント」があります。そこで、エレメントから建築を考えてみようということで、『SD2012』の第二特集は「構築へ向かうエレメント」というテーマにしました。内容としては、建築を構成する床、壁、天井などについて一〇人の建築家にお話を聞くというもので、隈研吾さんと西沢立衛さんには屋根、西沢大良さんと藤本壮介さんには天井、青木淳さんと妹島和世さんには壁、伊東豊雄さんと坂本一成さんには床、古谷誠章さんと塚本由晴さんには窓を語っていただきました。企画だけを聞くと無謀に思えるかもしれませんが、僕としては大変面白かったし、それなりに評判も良かっ

＊1　ステレオトミックとは、ブロックのような単一の部材でつくる建築のあり方。これによる建物は閉鎖的になる傾向がある。対して、さまざまな長さの棒状の部材による組み立てをテクトニックと呼ぶ。構法の最も根源的な分類法である。

たと思っています。
この企画を通して、エレメントには大きな可能性があることを痛感しました。建築のエレメントにはすごく具体的な知性が込められているし、それが産業や気候風土などと結びついている。しかも、それは長い時間をかけて醸成されていったものでもある。要するに、エレメントにはさまざまな状況や環境に対応するための無名の知性が積み重ねられているわけですが、この性質に着目すれば、そこに蓄積された先人たちの知恵を自在に呼び出すような設計ができるかもしれない。
であれば、さっそく応用してみようということで、まずは実験的に自邸を設計してみることにしたのです。「門脇邸」はプロジェクトコードでいうと「hk3」と呼んでいるのですが……。

――「hk3」?

門脇 「House Kadowaki 3」ということです。でき上がって作品タイトルをつけるまでは、それ自体は意味を持たないプロジェクトコード、つまり仮の名前で呼んでいます。「3」とついていることからお分かりかもしれませんが、じつはその前哨戦として、実際には建ちませんでしたが、「hk1」と「hk2」(二〇一三)と呼んでいるプロジェクトがあります。さらに、リノベーションのプロジェクトである「HKR」もあります。自邸についてはずいぶん考えました(笑)。

自宅をリノベーション

――この自邸の前に設計した「hk1」と「hk2」はどういったものだったのでしょうか。

門脇 そもそもは、僕が東京都立大学に勤めていたときに、東京都調布市のつつじヶ丘に土地を買ったことが発端です。築三〇年ほどの古家付きの土地で、住宅には値段がついていませんでしたが、十分住める状態でした。これを建て替えて新築の住宅を設計しようと思ったのですが、なかなか進まないことは目に見えていたので、そこに住みながら設計することにしました。

――それは自邸用だったのですか。

門脇 そうです。僕は古澤大輔さん（本書第4章参照）と大学が同級なのですが、二〇一八年にできた彼の自邸（「古澤邸」）の土地取得もちょうど同じ頃だったので、二人でエスキースを見せ合って批評会をやったりしていました。それが「hk1」です。今見ると非常に図式的な案です。図面も模型写真もありますが、（見ながら）エレメントなんてまったく考えていませんね。

――確かに、エレメントというより空間的ですね。

門脇 古澤さんとも励まし合いながら設計していましたが、そのうち結局あと回しになってしまったのです。そのあと二〇一二年に明治大学に移ることになり、その案はしばらく触ってなかったからご

hk2 (2013)

破算にして、研究室の一期生である学生たちと新しいことに取り組んでみようと、同じ土地で古家の建て替えを考えたのが「hk2」です。結局そのあと古家はリノベーションすることになり、「HKR」となるのですが……。

——つまり同じ場所に、プロジェクトとして「hk1」「hk2」「HKR」と考えていったのですね。

門脇　「hk2」は『SD2012』のインタビューをもとに設計することにしました。学生との協働が初めてだったこともあって、結果的にはあまりうまくいかなかったのですが、「hk2」は「門脇邸」（hk3）と近いところがあります。**「門脇邸」は「hk2」のアイデアを数多く引き継いでいて、ベーシックな考え方はこの時点で生まれています。**

物と物を納めずにずらす

――それでは「門脇邸」（二〇一八）のことをお願いします。

門脇　「門脇邸」は、ごく大ざっぱに言うと、住宅を構成する一つひとつのエレメントを、それぞれに固有の論理に紐付けながら設計する、という考え方でできています。一つの強いコンセプトで建築をすみずみまで統制すると、その建築には一貫性が生まれる半面、建物や敷地という設計の対象となる領域が非常に強く現れることになる。これはともすると論理的に閉鎖的な状況をつくってしまいます。であれば、強いコンセプトで一元的な世界をつくるよりも、**物の自律性に任せて多元的な世界をつくった方が、領域の境界が曖昧になり、開放的な状況につながるのではないか**。この家を設計しながらそんなことを考えていて、「10＋1 website」[*2]ではそれをエッセイにまとめました。だから理論が先にあって設計したというよりは、設計しながら分かったことを、むしろ途中途中で文章にまとめて出しているというのが正しいのです。

――「10＋1 website」で門脇さんが言っていた「エレメントの切断と連続」という概念があるでしょう。それは内部的に切断しながら外部的に連続しているもの、内部的に連続しながら外部的に切断しているもの、いくつかのタイポロジーがあったような気がしています。この家の場合は、内部的に切断しているけれど外部的に連続しているというタイプになるのでしょうか。

＊2　「10＋1 website」（2015 02）「反―空間としてのエレメント」

門脇　そうですね。例えば西側の立面は、周囲の看板建築と連続するようにつくっているわけですが、南側の立面は隣棟との隙間にあって、建築の「構え」がないという別のロジックでできている。いずれも周辺から導かれた論理ですが、それぞれは互いに切断的で、内部では別のロジックがぶつかり合う。結果的に、内部には非常に個性あふれるエレメントが散らばることになります。しかし、その上位に全体を統制するようなコンセプトがあると、エレメントは個性を存分に発揮することができない。それぞれのエレメントが自律的な論理をまとっている必要があるわけです。その意味では「門脇邸」はニュートラルだと言うこともできて、だからこの住宅には、僕以外の建築家がデザインした個性的な家具も参加することができている。白いギャラリーのような空間もニュートラルですが、それとは違った意味でのニュートラルさがあり得るのだろうと思っています。

――門脇さんは構法が専門で、「門脇邸」でも構法を主題化していると感じます。構法にはロジックと文脈があると思うのですが、門脇さんは、それをいったん切り離して物を自律的に置いていると思います。以前アーキテクテン・デ・ヴィルダー・ヴィンク・タユー（ADVVT）にインタビューをしましたが、彼らの物の扱い方もかなりそれに近いように感じました。

門脇　僕も彼らには共感します。建築家は物Aと物Bとがぶつかる部分で、ついAとBを調停してしまう。しかしここでは**それぞれの論理に任せっぱなしにしていて、結果的に切りっぱなしの表現が多くなりました。**

門脇邸（2018）

――納めないということでしょうか。

門脇　そうですね。だから物と物とがずれてしまうところがあります。例えば南西の隅を見ると、南側のサッシに対して西側の外壁が飛び出て、サッシ上部の垂れ壁はサッシよりだいぶ手前で止まり、そこからカーテンレールが片持ちで飛び出ているけど、西側外壁には到達しない。

もともとパートナーはカーテンを付けたいと主張していて、僕は絶対要らないと言っていた。両者の政治的決着点として、カーテンレールが中途半端な位置で止まっています（笑）。

エレメントが都市につながる

――本来構法というものは、一つの建築の中で納まっていくロジックです。それを自律させることによって、外側と結びついていったりしますが、どうしてそうするのでしょう。物と都市という話をすると、都市派の人は物と言った瞬間に「物なんて、そんなことをやり始めると建築は閉じてしまう」ということを言い始めるわけです。そんなことはなくて、物と都市はつながっていくと僕は思っています。門脇さんもまさしくそういう考え方をしていて、物をやりながらも都市を見ていると思います。

門脇 世代も育った環境もあると思います。僕たちを取り囲んでいるのは戦後にできたどうしようもない都市です。恐らく僕よりも上の世代の建築家は、その形成過程をリアルタイムで見ていたはずです。つまり手工業的な性格をとどめていた建築が、工業的なジャンクスペースに置き換わっていくのを目撃したはずなので、こういう都市が嫌いだと思います。けれども僕ははじめからこういう場所で育っているからか、そんなに嫌いだという感じはありません。むしろ落ち着く感じで……。

――原風景なのですね。

門脇 僕は郊外の住宅地育ちですが、できた当初はショートケーキハウスと呼ばれた商品化された住宅も、だいぶ年月を経てきている。その姿を見ていると、当初まとっていた商品的なイメージが薄れて、物に分解されてきたように感じます。塩ビの竪樋とかアルミサッシとか、工業化された部品が全体よりもむしろ前景化してきている。「門脇邸」の周辺もそのような住宅地なのですが、僕にはそうした風景を、割と信頼しているところがあるようです。「門脇邸」を見学したある方から、「**なぜ周辺をそんなに無批判に信頼するのか**」と言われたことがあって、「なるほどそういうふうに思うんだ」と感じたことがあります。一方で、離散的な物を介して周辺と連続させていくようなやり方は、こうした環境に批判的に介入する方法でもあると思っています。

これは僕より若い建築家たちが言っていたことですが、現在のこんなに建物が建っている状況で、都市計画をトップダウンで書き換えることはできません。しかし全部の住宅の窓を変えるくらいだったらできるかもしれない。要するに、成熟した都市においては部分から攻めていったほうが実効的な場合がある。だからエレメントという考え方は、都市への介入の仕方としても可能性があると思っています。建築作品は一回性が強いものですし、それが別の場所に同じ形で建つことは考えづらいのですが、エレメントが都市に反復的に伝搬していくようなことは十分にあり得ます。実際、アルミサッシが初期段階では木製建具の改修部品として普及したように、日本の都市はそのようにできている。僕が建築の「部分」にリアリティを感じるのは、そのような理由もあります。

生産論まで介入したヴェネチア・ビエンナーレ日本館展示案

——それではヴェネチア・ビエンナーレ日本館のお話をうかがいます。ビエンナーレは門脇さんのエレメントの考え方を集結していると感じます。当初のテーマは「エレメントの軌跡——建築の生産の連鎖をデザインする」でしたが。どのようなプレゼンでキュレーターを獲得したのでしょうか。

門脇 まずお断りしておくと、テーマやコンセプトはあくまでもチームで考えたものです。僕はキュレーターとして最初の投げかけはしましたが、それに対してチームのメンバーが協働して提案を練り上げていきました。

——五人建築家がいて、さらに五人の専門家がいるという構成ですね。

門脇 今回は最初に案があったのではなく、チームがありました。エディターとして飯尾次郎さん（スペルプラーツ）に参加してもらっていますが、まずは飯尾さんに相談相手になってもらって、チームを固めていきました。案自体は長坂常さん（スキーマ建築計画）、岩瀬諒子さん（岩瀬諒子設計事務所）、木内俊克さん（木内建築計画事務所）、砂山太一さん（京都市立芸術大学・sunayama studio）、元木大輔さん（DDAA）の五人の建築家とデザイナーの長嶋りかこさん（village®）とで練り上げていったものです。その過程でリサーチが必要になることが分かったので、立命館大学の青柳憲昌さんと近畿大学の樋渡彩さんにリサーチャーをお願いし、またわれわれは国際展示の経験があまりないので、アドバイザーとして太田佳代子さんに入っていただきました。それが構成です。加えて、男性ばかりの**ホモソーシャルなチームにはしないぞという意識も最初からありました**。

この「門脇邸」ではエレメントをバラバラに扱い、それに一定の効果があることが分かりました。

例えば建築が規定する領域が曖昧になったり、さまざまなクリエイティビティが参画できるようになったり、そういう可能性を感じたのです。『新建築 住宅特集』(二〇一八年九月号)の月評で、西沢大良さんがこの住宅を評して、現代社会がコレクティブな「制作」で覆いつくされていく状況を言い当てているとおっしゃっていて、なるほどと思いました。建築をバラバラにすることで、何かコレクティブにみんなでつくっているような状況が生まれる。それがこの住宅のやっていることだというのです。

一方で、やれなかったことの一つが生産論でした。エレメントに着目すると、その生産のロジックに介入できるはずで、具体的に産業や経済にコミットできる可能性がひらけてくる。こういうバラバラなデザインであれば、手すりだけまったく新しい構法でつくるようなことができて、それは工業製品とは別の、例えば地域の生産能力を使った方法でもあり得る。「門脇邸」では特殊な表現になることを避けたかったので、それをあえてやらず、既存の構法の範囲でつくることを意識していましたが、次なる課題として残されていたのが生産システムへの介入でした。ビエンナーレでは、それをやってみようと最初に思ったのです。

――生産を考えようということですか。

門脇 そうです。生産論はとても面白いのです。特に戦後の住宅にはいろいろな工業部品が入ってきているので、それを見ていると、建築家の表現が建築生産に大きな影響を受けていることが分かる。例えば篠原一男が白い住宅をつくった時期は、建材としてのペンキとボードの一般化と符合している。

第17回ヴェネチア・ビエンナーレ国際建築展・日本館(2021)

日本の場合、軍需産業として隆盛した重化学工業が、朝鮮戦争後に民生化する。そこで住宅にも鉄やアルミが使われるようになるし、ペンキやボードも入ってくるわけです。だから建築家の表現というのは、やはり経済や産業、構法と非常に密接に関わっていて、建築家がそういう流れに意識的であれば、逆に産業に主体的に働きかけることもできるのではないか、そういう問題意識がずっとありました。そのためには、まずは歴史を知って、**その上で建築生産の仕組みも学びつつ、そこに批判的に介入するような方法を考えたい**と個人的にずっと思っていました。その問題意識を最初にチームに投げかけて、僕が最初に考えていたのはもう少しリサーチ展に近いことでしたが、みんなと話しているうちにもっと積極的に建築をつくろうということになって、昭和期につくられた日本の木造住宅を解体してヴェネチアへと移動して、展覧会で再度組み立てるという現在のような案になりました。

その背景として、今、世界の構法が標準化していることがあります。要するに現代建築は規格化されたボードにペンキを塗ってできているわけですが、こうした構法の標準化は、統一規格の大量輸送網が世界規模で発達したことと関係しています。その一方、現在ではAmazonに見られるように、多品種の小ロット部品をオンデマンドで世界のどこにでも届ける、パーソナルなロジスティックスも発達してきている。現在の建築産業は切り裂かれた状況に立っているともいえる。

──少量生産と大量生産がですね。

門脇 また、情報技術が発達して、どんな場所の情報にもインターネットでアクセスできるわけですが、一方で観光もすごく隆盛していて、リアルな場所が持つ価値も非常に高まっている。ここでも古い世界と新しい世界の価値観が輻輳するようなことが起きていて、そのはざまで揺らいでいるのが現在の建築の状況だといえるでしょう。だとするならば、建築の価値はどこに見いだせるのか、改めて考えようということが提案の背景にあります。

新しいコレクティブな建築のつくり方を提示

──ヴェネチアでのヴィジョンもエレメントが都市につながるということでしょうか。

門脇　まず、社会において建築が、さまざまな産業の結節点として機能していることを示したいと思っています。また、時間的にオープンエンドな制作のあり方を示したいとも思っています。これはリノベーション的であるともいえますが、すごくネット的なつくり方だとも思っています。**つまり完成という瞬間がないような建築のあり方です。**

——じゃあ本当に、会期の最後に何がどうなっているかは予定調和的に考えていないのですね。

門脇　むしろ考えないほうがいいと思っています。完成という概念がないから、会期中も制作を継続していきます。こうしたことを通じて、建築家や創作者といった個が作品という完結した世界をつくるのではなく、さまざまなクリエイティビティが時間的にも空間的にも境界がなくて混ざっていくような状況をつくりたいと思っています。そのことは、都市環境そのものをコレクティブな創作物だと見なすような意識を芽生えさせると思うのです。

また、われわれの提案は、日本館というナショナルパビリオンの領域から展示が外にはみ出して、しかもバラバラに展示されて領域が曖昧になるという計画ですが、僕はそこに政治的なメッセージも込められると思っています。

日本館の隣には韓国館やドイツ館があるのですが、ナショナルな国別展示というビエンナーレの枠組みに対して、韓国館を見に来た人やドイツ館を見に来た人もふらふらと入ってきてしまうような、そういう展示にしたいと思っています。今の日本は国際関係も政治的に緊張している状況がある。そこに対して建築家は、もう少し空間領域的に違うことが考えられるということを示したいのです。それはコンペのあとにヴェネチアに行って思いついたことなのですけれど。

――でもそれは重要なことですね。流れ出すということを僕はフローと言っていますが、そういうことにも興味があって、建築が建築の中だけで終わらない、どうやって流れ出るのかというようなことが、今とても重要だと思っています。エレメントを見ているからこそコレクティブな発想になるのでしょうし、エレメントを見ていないと環境がコレクティブなものにはあまりならないのではないかと感じて、今日もそれが面白いと思いました。それは西沢大良さんがここ「門脇邸」に発見したことなのかもしれないけれど、もともと門脇さんが持っているコンセプトにあることで、それをビエンナーレでもつくっていこうということなのでしょうね。

門脇　提案を言語化しているのが僕なので、僕の考えのように見えるかもしれませんが、日本館のコンセプトは、チームのみんなで考えたものです。移動そのものを見せたいとか、観客が参加できる展覧会にしたいというのはみんなからの意見です。ただ、そうしたなかで僕が思っているのは、われわれの提案はコレクティブだけれど、集団設計とは違うということです。集団設計は多くの場合、誰がどこを設計したのかは履歴でしか残らないので、物としては分からなくなってしまいがちです。しかし「門脇邸」のエレメントが教えてくれるのは、強烈な個性が共存する状況はあり得るということです。**それは恐らく集団設計的なものとは違ったコレクティブのあり方だと思っています。**今、社会がすごく流動化していて、政治的にも不透明な状況になっていますが、そういう状況に関して建築からポジティブなリアクションができるのではないか、それがコンペのときに強く主張したことです。そのときに「コレクティブ」というキーワードは重要になってくると思っています。

――つまり物の個性を喪失せずに集める（コレクティブ）というような考えは、現代の哲学的潮流でもあるネオ・マテリアリズムとも通底していると感じているのでしょうか。でもコンセプトのレベルで、そもそもエレメントとか物と言っているときに、そういう哲学的潮流との整合性を門脇さんは感じていたのでしょうか。

門脇　感じてはいませんでした。これまでの建築家と哲学の付き合い方は、建築家が常に哲学からヒントをもらう立場でしたが、僕自身は互いが独立して考えたことを、それぞれがプレゼンテーションして刺激を与えられるぐらいの関係が良いと思っていて、整合性は取り立てて考えていません。むしろ建築独自の思考をしたいという意識が強い。こちらもヒントをもらうし、あちらにもヒントをあげられるような、そうした関係が他分野とはつくれたらよいのではないかと思っています。

＊＊＊

――ビエンナーレが実際開催されて、いかがでしたか。

門脇　二〇二〇年に予定されていたビエンナーレは、パンデミックの影響で一年間の延期が決まり、二〇二一年五月にようやく開幕しました。当初は建築家と日本の職人が現地で一緒に設営にあたる計画でしたが、イタリアの職人とオンラインでコミュニケーションする方法に変更するなど、見直しが必要になったこともたくさんありました。

現地には、二〇二一年の八月にようやく訪れることができました。建築家たちも現地の職人たちと顔を合わせることができ、ヴェネチアへ運んだ住宅の部材をアップサイクルして新しく家具をつくるなど、展示のアップデートに取り組みました。制作は展示時間中にも休まず行いましたが、そこに居合わせた観客は「つくり続ける展示」をとても楽しんでくれている様子で、嬉しかったですね。

コロナ禍で世界は一変してしまいましたが、悪いことばかりではありませんでした。特に良かったのは、出展者たちに国際的な連帯の意識が芽生えたことです。日本館と他の国のパビリオンとの共同プロジェクトもいくつか生まれました。その中で、特に重要なのがフィリピン館とのプロジェクトで、ビエンナーレの閉幕後、この住宅をさらにノルウェーのオスロ郊外の集合住宅団地まで運び、住民のためのコミュニティ施設としてもう一度再構築する計画が進んでいます。

そういうわけで、このプロジェクトはまだ終わらないのですが、もともとは特定の人だけに使われていた私的で名もなき住宅が、今回の一連の出来事を通じて、誰しもに開かれた、公共的な存在に生まれ変わりつつあります。建築にはこうした力があることを実証できたことが、今回のいちばんの成果だと感じています。

（二〇一九年九月一四日　門脇邸にて収録、二〇二一年一二月追加収録）

「物」の見方の変遷

建築は物で構成されているのか、その物のあいだにある間《ま》で構成されているのかは、いわく言い難い。しかし図面で描くのは物だから、便宜的に建築は物で構成されているとしてみよう。そしてその物の扱いは建築家によって人それぞれである。そこで古来、物はどう扱われてきたかを整理し、四人の建築家の物の背景を明らかにしてみたい。

図面は物を表す

「建築の基本は図面である」と大学で教わる。そして今のところ図面は建築家の世界共通言語で、建築家は皆図面を読めるし、描けることになっている。図面を鉛筆で描くかコンピューターで描くかは人それぞれだが、その描き方にはルールがあってそれを皆守ることになっている。そのルールは、図面は線の集合体であり、いきなり絵の具で塗りたくるということはルール違反である。そしてこの線で何を示すかというと、それは平面図では壁であり、断面図では床や屋根である。つまりある三次元物体を水平に切り、その切り口の断面とその向こう側に見えるものを描くのが平面図で、断面図は垂直に切ったときに見える切り口とその向こう側を描くのである。そして断面は太く、向こう側に見える物は細い線で描くというのも世界的なルールである。つまりこのルールに則れば、図面の線が示すものは断面であろうと向こう側に見えているもので

あろうと、それは「物」なのである。私たちは物がどこにどのような形で存在しているかを図面という二次元的な媒体を使って表現しているのだ。言い換えると建築家が直接的にデザインしているものは物なのである。

物は数比だった

ではその物はどのようにデザインすべきものだったのだろうか。古来著名な建築家（建築理論家）は物のデザインの仕方を述べている。例えばウィトルウィウスは『建築書』において、建築で重要なことは「比例」「部分と全体の釣り合い」だと論じている。言い換えればそれは「数比」である。この考え方はルネッサンスではアルベルティの『建築論』に受け継がれる。古典建築のオーダー（柱）が分かりやすい例だが、柱の直径の何倍が柱の高さとなっているかはオーダーの種類で決まっているのであり、ペディメントの三角形の角度も勝手に決めていいのではなく、「ある」角度が妥当だということになっている。このように物の形は数比で決定されるのが建築だったのだが、それが二〇世紀に入って、少し変わった。モホリ＝ナジがバウハウスで教鞭をとり、教科書をつくった。その教科書のタイトルは『材料から建築へ』というものであった。その内容を見ると、建築で重要なのは材料（物）なのだが、その物は今までの数比で表される物というよりは物の質料性だったのである。質料性とは「肌理」「色」「透明性」のような物の視覚性や触覚性を決定する事項のことである。

物は対象である

物の質料性が注目される一方で、物の輪郭性を重要視したのは近代芸術である。近代芸術は建築にしても彫刻にしても、それらを少し遠目に見て対象化し瞬時にそのゲシュタルト（輪郭の形）を把握できることを重視した。この瞬時性と明快な輪郭は恐らく写真の普及と関係するものであろうが、はっきりとしたことは分からない。しかし、戦後アメリカ芸術界を牽引した美術評論家クレメント・グリンバーグをはじめとして、それに続く美術評論家たちはこのことを美の条件としていた。そしてこのアートにおける瞬時の輪郭把握は建築にも同時的に発生し、建築もはっきりとした形を提示することを良しとしたのである。言い換えると、建築は一つの視覚的対象として明確な形を持つものへと導かれた。これは物の質料性を重視する傾向とは逆の物の捉え方であろう。両者は重視された時期にズレがある。一般的に、モダニズムは物を視覚対象化した時代であり、質料性を尊ぶ傾向はその陰に隠れて、遅れて重視され始めたのである。

四人にとっての物

物とは建築の基本であり、古来このような理解をされてきた。その理解を四人の建築家はどのように受け継いでいるのだろうか。安田幸一さんは線を建築の基本として、正攻法でその線が表す物を正確に摑み取る人であり、その意味では美しいゲシュタルトを生み出す人である。長谷川豪さんは物の大きさ（数比）を問題にしているが、その問題を身体で感じ取ろうと挑んでいる。宇野友明さんは物の質料性を感性で捉え自らそれを制作する。門脇耕三さんは物を対象化するのだが、その物（部位）の自律性を促そうとしている点で、単なる対象化にとどまらない。四人はそれぞれに建築の原初的な要素である「物」の旧来の捉え方を乗り越え、それぞれの視点で新たな挑戦をしているのである。

間

第2章

Space between Objects

伊東豊雄

Toyo Ito

体内感覚

洞窟的なもの
に帰っていく

伊東豊雄さんの事務所は渋谷の宮益坂の裏のほうにある。伊東さんは菊竹清訓建築設計事務所で建築を始めた人である。菊竹さんの建築を知って建築に本気になったと言っている。そんな伊東さんの基点といえるような建築を決定づけたのは「中野本町の家」である。伊東さんが自分で言うようにこの建物は胎内回帰的で洞窟的ともいえる間《ま》を持っている。一方で伊東さんは「シルバーハット」のような軽やかな建築もつくる。胎内回帰と軽やかさを行ったり来たりするそうだが、胎内回帰のほうがしっくりくるとも言っている。包まれて安堵するような空間は「台中国家歌劇院」に再現する。そしてその再現の仕方はより複雑に絡み合う内臓的なものである。

衝撃作「中野本町の家」と建築に近づいた「笠間の家」

——私ごとですが、伊東さんとの出会いは私の浪人時代なのです。陶芸家になることを諦めて建築学科をめざして浪人中、古本屋で手に取った雑誌が、伊東豊雄さん、坂本一成さん、黒川哲郎さん、室伏次郎さんが出ている『都市住宅』(一九七七年一月号)でした。そこに掲載されていた「中野本町の家(以下、中野本町)」(一九七六)を見て、窓がまるでない家らしくないUの字をしたコンクリートのかたまりに衝撃を受け、これは建築だろうかと思ったわけです。当時の僕にはこの作品は建築をかなり逸脱しているように感じましたが、いったい大学時代にはどのような勉強をされていたのでしょうか。非常に特異な方だったのか、それとも普通の方だったのか……。

伊東　普通の人でした（笑）。**僕が本気で設計をやろうと思ったのは菊竹清訓建築設計事務所に入ってからです。**大学時代（東京大学）は丹下健三さんがまだ先生でいらして、ちょうど代々木体育館の現場をやっておられた頃で、研究室には磯崎新さんや黒川紀章さんが出入りしていましたが、設計をやってみたけれど面白いかなあ……というくらいの感じだったのです。

菊竹事務所に入って初めてすごいなあと思い、設計をやるのは生半可なことではできないという緊張感を感じて、これはやってみようかという気持ちになりました。

――僕が大学三年のとき、非常勤講師で来られた伊東さんの最初の設計課題は渋谷にホテルをつくるというもの。当時は商業施設は建築ではないだろうという時代でしたから、皆、度肝を抜かれました。それが生《なま》の伊東さんにお目にかかった最初で一九八一年でしたから、「中野本町」から六年、「笠間の家（以下、笠間）」（一九八一）ができた頃でした。二〇二〇年に出版された、自ら掲載作品を選ばれた『自選作品集』（平凡社）は「中野本町」から始まっています。この『自選作品集』に「笠間」も入っていますが、僕はこの空間と「中野本町」は近しいものではないかと思っていました。

伊東　当時私は青山のビルの四階で小さな設計事務所をやっていましたが、同じビルで義理の兄が陶芸のギャラリーをやっていて、そこに出入りしていた里中英人さんという陶芸家が「笠間」のクライアントです。その人は陶芸家というよりもかなりアーティストに近い人でしたが、その人に「『中野本町』のような家をつくってほしい」と言われたのです。「中野本町」以降、多木浩二さんや坂本一成さんと結構密に話をする機会がありました。特にこの家は多木さんに見てもらいながらできていったという経緯があります。

「笠間」は「中野本町」に比べると、ある意味で操作的な部分が多く、それが良かったのか悪かったのか、ファサードにしてもプランにしてもだいぶ建築に近づいたというか建築的になったと思います。今になって思えば、「中野本町」のときにいろいろな人から「これは建築なのか」「どうしてこんなに閉じているのか」など、さまざまな批判を浴びていたので、それに対する回答のような形で「笠間」ができたのかもしれません。ただ、今思うと、**そこで開き直って「中野本町」のようなことを続けていたら、その後の建築家生命はなかったかもしれない**けれど、逆に異端の建築家であり続けたかもしれないし、どっちが良かったのかと思うこともありますが……。

洞窟的な作品と軽やかな作品を繰り返す

──一九八四年「シルバーハット」で転機を迎えられます。私は一九八五年にアメリカでの留学を終えて帰ってきまして、伊東事務所にごあいさつに行ったら伊東さんが焼き鳥屋に連れていってくださったのです。僕はアメリカで『新建築』を見て「シルバーハット」を知り、伊東さんに「かっこいいですね」と言ったら、伊東さんは「そう?　かっこ悪いじゃない」とおっしゃったのです。その意図は、理性的に頭でこれをつくったというようなことだったと記憶しています。先ほど「笠間」で建築らしくなったとおっしゃい

中野本町の家　内観

中野本町の家（1976）外観

ましたが、「中野本町」からさらに激しく脱皮することを考えていらしたのでしょうか。

伊東　「中野本町」がいちばん生活感がなかったとすれば、「笠間」で少し生活感が出てきて、そこから先に「花小金井の家（以下、花小金井）」（一九八三）等を経て、かなり生活ということを考えた時期だったのです。そうしないと仕事はないだろうということもあり、ドミノシステムのプロジェクトなどをやったのですが、それが過剰に出たのが「シルバーハット」だったのかもしれません。だからこの『自選作品集』に「シルバーハット」を入れるかどうか、かなり迷っていました。「身体で建築を考える」とサブタイトルにあるように自身の身体感覚を中心に選んでいったので、全体的に流動感のある空間や洞窟的な作品が多いと思います。

――私は伊東さんの後ろをくっついて、一日で「花小金井」「中野本町」「シルバーハット」を見せていただいた経験があって、「中野本町」と「シルバーハット」が同じ建築家の手によるものなのかと、とても衝撃的だったのを覚えています。

伊東　僕の場合はつくるものに極端に往復運動があって、洞窟的なものをつくるともっと地上に出てきて透明なものをつくりたくなってやってみるのですが、どうもどこか洞窟的なものに帰っていくのが自分の身体感覚の本質かと思っています。そういうことを繰り返していますね。

それで結論的になってしまうかもしれませんが、「台中国家歌劇院（以下、台中歌劇院）」（二〇一六）をつくったときに、「これでもう俺はいい」と思ったんですね。

――そうおっしゃると、そこでインタビューが終わってしまいますので……(笑)、取っておいてください。

伊東　はい、じゃあやめます(笑)。

――ところで、もう住宅は設計されないのでしょうか。

伊東　住宅の仕事はほとんどなくなってしまいましたね。実際に依頼も来なくなっちゃった。住宅を今でもやりたいとすごく思っているのですが、ある人にこの間「伊東さんに住宅を頼んだら、何が出てくるのか分からないので怖くて頼めないのではないか」と言われたのです。でもそんなことは全然なくて、住宅だったらクライアントの言う通りに設計するはずなんですけれどね(笑)。

原風景である諏訪での幼少期

――次に「下諏訪町立諏訪湖博物館・赤彦記念館(以下、諏訪)」(一九九三)、ここにも行きました。伊東さんが諏訪で育ったことを『自選作品集』を読みながらしみじみと思いました。

伊東　この建物の裏側に国道が走っていて、毎日そこを通って学校に通っていました。諏訪盆地が原風景だったのだと思いますね。僕は二、三度引っ越しているのですが、物心ついてからの家は湖に面していて、家の庭からも湖に出られるような場所でしたから、毎日湖を見ながら暮らしていました。

それを藤森照信さんは、「水平感がそこで養われたはずだ」と言っているのですが、そうでもないんですけどね。盆地の中にいたことのほうが、自分にとっては大きいような気がしています。

――常に水があって、流れでしょうか。前にヨコミゾマコトさんにインタビューしたときに、伊東事務所に入るとまず流れの映像を見せられると話されていました。それは諏訪湖からきているのでしょうか。

伊東　湖自体には流れは見えないですから、諏訪湖の周りを回遊しているということのほうが大きいかもしれませんね。それは自分ではなくて人も車もみんなということです。真ん中は水があって通れませんから。諏訪盆地の真ん中がもし水でなかったら、風景がぐちゃぐちゃになっていたと思うのです。今も湖があることでかろうじて風景が成立しているように思います。お互いに対岸ばかり見ていますからね。**いざとなったらとにかく周りを巡っていくしかない。「中野本町」もそういうことです。**

――なるほど。そういう説明が聞けるとは思いませんでした。嬉しいです。
伊東さんは、お父様の影響がとても強いのかと思いました。『自選作品集』に伊東さんが小学生のときに書かれた「父」という作文がありまして、お父様のことがたくさん出てきます。どういうお父様だったのでしょうか。

伊東　僕の野球に付き合ったり、よく面倒をみてくれてどこにでも連れていってくれました。諏訪大社の御柱祭にも行きましたね。それで小学生のときに亡くなってしまったので、父親には「お父ちゃん」という、良い思い出しかありません。父親は自分が身体が弱かったので、僕のことを医者にしたかったらしいのです。父がもう少し長生きしていたら、僕は勝手に生きられなかったかもしれないし、きっと男同士の葛藤があったと思いますが……。

身体から発した市民施設

――「諏訪」の辺りから、一気に公共建築が増えてきます。この頃の作品の空間は、ほぼ三次曲面でできているような気がします。曲面が非常に多くて、しかもそれが単純な曲面ではありません。「中野本町」のときは割とシンプルな洞窟だったのですが、だんだん複雑になって、これはつくるのが大変だったのではないかと感じていました。とりわけ「せんだいメディアテーク（以下、せんだい）」（二〇〇〇）ができたときも、非常に衝撃を受けました。

伊東　これから先、もうやることがないだろうって言われましたね。

――これは皆もおっしゃっていることで、『自選作品集』でも西沢大良さんもそう書いていますが、「近代建築ではない」ということと「市民施設である」とおっしゃっています。それは単にプログラムではなくて、プランニングが市民施設になるようにできているからだと感じます。『自選作品集』では山本理顕さんが「プロセスの発見」という文章を書かれています。これはファイドンから出版されたTOYO ITO (Phaidon Press, 2009) に英語で掲載されているものなのですね。

伊東 もともと彼が日本語で書いたのですが、この本は英文でしか出なかったので、今回山本さんと五十嵐太郎さんの文章は二つとも和文では初掲載だと思います。

——山本さんによると「伊東さんの成分は篠原さんと菊竹さんだ」という分析で、その純粋性の呪縛から「せんだい」でついに解放されたが、その純粋性を捨てないというストーリーに読めました。正しいでしょうか。

伊東 うーん……。「せんだい」ができたとき（二〇〇〇）には、菊竹さんも篠原さんもご存命でしたが、呪縛はなかったと思います。でも僕は少なくとも菊竹さんに関しては、菊竹事務所を辞めて、菊竹批判の文章を書いたんですよ。

——それは、「凡庸な社会派になるくらいなら狂気であるべきではないか」（「菊竹清訓氏に問う——われらの狂気を生きのびる道を教えよ」『建築文化』一九七五年一〇月号、彰国社）でしょうか。

伊東 そう、それです。でもいきなり雑誌に出すのはまずいと思って生原稿を持って菊竹さんのところに行って「失礼なことを書かせていただきましたが……」と言ったのです。それから菊竹さんのお目見えがすごく良くなりました。篠原さんに関しては、「中野本町」の直後に当時『新建築』の編集長だった石堂威《たけし》さんから「篠原論」の執筆を依頼されて、篠原さんの作品を一〇くらいまとめて見せていただき感動しました。ただ多木さんと坂本さんにとっては篠原さんはとても強い存在でしたから、篠原さんに対してどのようなポジションを取るかを考えられていました。その傍らにいつも僕もいましたからね。でも僕は篠原さんのシンボリズムみたいなものが嫌いではなかったです。

——これも山本さんの言葉ですが、「建築のある種の純粋性というようなものを捨てない」「けれどもシルバーハットをつくったときに、違う次元に達した」とあります。純粋性を捨てないけれども理解してもらえるように、簡単にいうとワークショップなどをしながら、自分の持っている建築をつくりっぱなしではなくて理解してもらって、それが受け入れられていると僕には読めたのです。だから単純に迎合するのではなく、つまり菊竹さんに投げかけたように「社会派になるために狂気を捨てるなんてことはないじゃないか」という言葉は伊東さんは自分自身に投げかけているのではないかと感じたのですが、そこはどうでしょうか。

伊東　そうですね……。「せんだい」を提案したときは、確かに非常に純粋だったと思います。ただ、コンペティションに勝った直後から一年間くらいはかなり猛烈な批判を浴びていましたから、社会に受け入れられないかもしれないと、相当覚悟していました。特にでき上がったときはもう心配で心配で見に行ったのですが、そうしたら意外にオープニングの日に来た人たちが、「ああ、いいじゃん」みたいな感じでこちらが拍子抜けするくらい受け入れてくれたのです。

今にして思うと、利用者の人たちは、公共建築といえど便利かどうかはあまり気にしていないのです。身体から発したものであればそれは通じるはずだということを痛感して、「建築をやっていて良かった！」とあのときほど思ったことはないですね。

――「みんなの森 ぎふメディアコスモス（以下、ぎふ）」（二〇一五）にも行きましたが、駅から少し遠いなあと思って行ってみたら、たくさん人がいて驚きました。でも人がいっぱいいるのに、ご飯を食べるところがないのです。皆で食事に行こうと外に出ても周りには何もない……。でも人気の場所だということがよく分かりました。この人気の理由を考えると、「せんだい」もそうですが、なんとなくどこにでもいられる感がある。きっと疎外感を感じないのですね。

伊東 毎日子どもを連れて夕方そこに散歩に来る人がいると聞きました。グローブ（半透明の逆さまの漏斗形状のかさ。小さな家を表す）の間を歩いているだけでいいのだそうです。「せんだい」もここも、来ると本を読まなくてもなんとなく今何が起こっているのかを感じられるような気がするそうです。「せんだい」も東北大の学生が遠くから来てくれたりしていますが、それと同じようなことがここにもあるようです。図書館というところは毎日来ても何の違和感もないところがいいですね。

――あともう一つ思ったのが、図書館にしては暗いのです。もちろん本を読む手元は明るいのですが、通り道が暗いと思いました。でもこれは結構重要なことだと感じました。明るいのが好きな人も、暗いのが好きな人もいる。均一に明るいのではなく、本を読む場所、ぶらぶら歩ける場所、場所を選べる感というのは、とてもこの建築の魅力だと感じました。

伊東 そういうギャップをつくり出したかったということがありました。

――いろいろな人を受け入れる環境をつくっているのだと感じました。

伊東 岐阜市だと四〇万人くらいの人口ですから、会いたくない人とついばったり会ってしまうこともあるわけです。でもこれだけ広いと、「今日はこっちで本を読もう」と選択ができるのです。小学校のグラウンドくらいありますからね。

アルゴリズムと身体感覚を往復する

――さて「せんだい」のあと、「ゲント市文化フォーラム指名設計競技応募案(以下、ゲント)」(二〇〇四)は実現しませんでしたが、「台中歌劇院」の原型、つまりその後の伊東さんの建築の原型になっていくものではないかと思いました。突如現れた建築という気がしますが、伊東さんの中では絶対突如ではないのだと思います。その経緯を知りたいのですが……。

伊東 その前後からアルゴリズムで建築を考えようと思い始めました。「サーペンタイン・ギャラリー・パヴィリオン」(二〇〇二)などもそうですが、それらと対照的なのは「ブルージュ・パヴィリオン」(二〇〇二)で、こちらは構造システムを表現としていますが、「サーペンタイン」のようなアルゴリズムでつくる建築とは違う。両方あります。「ぎふ」のグローブの配置などはすごく恣意的ですし、「台中歌劇院」は幾何学から始まって、それを変形してつくっています。結局いろいろやってみて、どちらでもいいということになったのですが、アメリカから来たスタッフがアルゴリズムを使うことがすごくうまくて、彼がいろいろな提案をしてくれました。「台中歌劇院」もそこからきていると思います。

――一九九三年の「諏訪」の頃から三次曲面が多く使われていますが、当初は三次曲面といっても一つの形といってもいいような割とシンプルなものでした。でも「台中歌劇院」では一つではなくて一気に多中心的なものです。なぜここに到達したのでしょうか。

伊東　「ゲント」の敷地は、正面性がなくいろいろな方向から入ってこられたので、そのまま道路の延長で中に入って、広場みたいな場所でそれらが出会い、そこにメインのコンサートホールがあって、その道筋でも演奏ができるようにできないかと考えました。ストリートコンサートは気楽で楽しいから、そういうホールができないかなあ、コンペで落ちてもいいからそういう提案をしようと皆と話しました。メインのコンサートホールで舞台をやっていても、次の幕にはみんな移動して他の場所でやるとか、遠くから音が聞こえてくるとか、そういうことができたらそれこそ音と一体になった空間ができて面白いだろうと思ったのが、まさしく「ゲント」の案でした。**でも審査員にはそういう主旨を全く理解してもらえず、落ちてしまいました。とても悔しくて、ちょうどその頃「台中歌劇院」のコンペティションがあったので、同じ考え方でやってみようとなったのです。**構造体自体は同じシステムを使ったのですが、考え方としては「ゲント」のほうがコンセプチュアルでしたね。

――アルゴリズムでできる形は、一つの流動性みたいなものをつくるのに便利なのでしょうか。

伊東 どうしても僕らはグリッドで柱の位置を決めてしまいますので、そうではない、「台湾大学社会科学部棟図書館」（二〇一三）などでは放射状のパターンで組み合わせて幾何学をつくっていますから、そういうものと岐阜・各務原《かかみがはら》の「瞑想の森 市営斎場」（二〇〇六）のように、最初から恣意的に屋根の膨らみをつくるものとがあります。

――つまり「瞑想の森」はアルゴリズムではないということですね。「多摩美術大学図書館（八王子キャンパス）（以下、多摩美図書館）」（二〇〇七）はどうでしょうか。

伊東 「多摩美図書館」もアルゴリズムに基づいていません。最初はグリッドから出発していますが、それを全部曲線に置き換えてかなり恣意的につくっています。

――恣意的なものと、アルゴリズミックにコンピューターに任せるのと、伊東さんの中で差がありますか。

伊東 **やはり恣意的にやったほうが結局は面白いですね。自分の身体感覚に合っているような気がします。**自分が内にいるような感じがしますね。

「中野本町の家」が帰ってきた「台中国家歌劇院」

――「台中歌劇院」を見に行きました。伊東さんは先ほど、ご自身の建築作品が暗い洞窟的なものと明るい地上の透明なものを繰り返すとおっしゃいましたが、それは胎内回帰願望があるからだと『自選作品集』にも書かれています。「台中歌劇院」は典型的な胎内回帰ですね。見に行ったときは工事中でしたが、「中野本町」を実際見て感じたものがこの「台中歌劇院」にある。「中野本町」がどんどん成長して「台中歌劇院」になっているような感覚を覚えました。

伊東 自分でもそれほど意識して設計していたわけではないのですが、**僕も現場に行ってみたら、「中野本町」が帰ってきたなあと自分で驚きましたよ。**

――僕が最初に見に行ったときは工事中でグレー一色だったのです。いろいろな仕上げが出てきて、模型の繊細さや構造が現実的になってくると、印象が変わりました。「せんだい」のときも現実化すると模型のときと違うといろいろ言われましたが、こうした変化をどう受け止めましたか。

伊東 「せんだい」のときは結構気になっていました。佐々木睦朗さんからフィードバックされてきたときに、「こんなにごついの?」と感じた記憶があります。佐々木さんは、二〇メートル近くも飛んでいるんだから四〇センチのスラブ厚は画期的に薄いと思っておられたようでしたが……。それに対して「台中歌劇院」は洞窟のようでいいと思っていました。構造は最終的にはArupの金田充弘《みつひろ》さんがほとんど責任を持ってやってくれたのですが、ある時期までArupのロンドンのチームから壁厚が八〇センチになると言われていたのです。そんなにならないだろうと思っていたら、あるときArupの車のデザインをやっているチームに替わったのです。そうしたら一気に四〇センチ……半分になりました。構造もちょっと考え方を変えたらそんなふうになるのかと驚きました。

――完成してからも今度は学生を連れて行ってきました。僕は工事中よりさらにいいと思いました。じつは工事中はグレー一色のピュアな模型のような感じでしたけれど、現実は絨毯が敷かれ、什器が置かれ、カーテンが付く……。きっと工事中の姿に比べると落胆すると思って行ったのです。建築は、現実の姿で登場してきたときに、現実を受け止めてさらに余りある力を持つかどうかだと思うのです。完成した「台中歌劇院」には、工事中にはない現実を受け止めた力が感じられて、いいなあと思いました。

伊東　ありがとうございます。工事中のいわゆる躯体というものは、ある種のアルゴリズムの延長で幾何学でつくられるのですが、そこからホールの内部はいろいろなことを喚起する場所であり、幾何学に頼らないことが実際いっぱい出てくるわけです。**それを一つずつ収めていく過程に自分の身体性が出てくるのではないかと、僕はこの「台中歌劇院」で思いました。**

自分を戒めて強さを回復する

――『自選作品集』のサブタイトル、「身体で建築を考える」を英語で“Architecture as Sensation”とされています。普通に英訳するとこうはならないですね。身体の意味するところを広く感覚と捉えているのですね。

伊東　訳してくださった川上純子さんが、ネイティブの人といろいろ相談をされて、これがいちばんいいのではないかとなったのです。

――伊東さんは「シルバーハット」は頭でつくっているとおっしゃいましたが、つまり伊東さんの建築の中で頭でつくっているものと身体でつくっているものがあるのではないか、それが循環しているのではないか、僕はそんな気がしています。「中野本町」は身体でつくっていて、「台中歌劇院」もその胎内回帰的な空間に戻ってきて、それは身体で「Sensation」でつくられているのかなという感じがします。

伊東　おっしゃる通りだと思います。

――今、僕の研究室で博士論文を書いている学生が、篠原一男の各様式の特徴を数値的に分析していったら、完成しなかった遺作「蓼科の家」は第一の様式に属するという結論が出まして、建築家は戻るのだと感慨深かったのですが、伊東さんの「台中歌劇院」を見ながらやはりそれを痛感した次第です。

p.122-123　台中国家歌劇院（2016）ロビー
（設計　伊東豊雄建築設計事務所、大矩聯合建築師事務所）

伊東　自分では「建築の還暦だ」と言っていました。最近は事務所のスタッフもだんだん歳を取ってくるし、こんなことをやっていてはいけないというような技が付いてしまっていて、コンペティションでも勝ちたいという気持ちが強く出過ぎてしまうのです。**以前は、やりたいことをやってそれで負けてもいいという気持ちがありましたが、守りに入っているような気がして……**。それで今年（二〇二〇年）の正月明けにスタッフ全員に「もう一回、同じ条件で「せんだい」のコンペがあったら勝てるだろうか」と言ったら、みんななんか曖昧な顔をしていたから、「絶対に負ける」と僕は言ったのです。

なんだかそういう度胸がなくなってきているというか、最近どうもまずいなあと思っています。ある意味で問題は起こらないですし、ホールやオーディトリアムをつくったら、音響の素晴らしいものをつくる自信はあります。ただ大胆さ、野原で音楽をやっていてもいいではないかというような気持ちになかなかなれなくなっている。弱くなっていますね。自戒をこめて、この『自選作品集』をつくったり、「美しい建築をつくらないと駄目だ」と自分を励ますように言葉に出しているところがあります。もう一回、強さを回復しないといけないと、強く思います。

（二〇二〇年一〇月二二日　伊東豊雄建築設計事務所にて収録）

Itsuko Hasegawa

長谷川逸子

ガランドウ

長谷川さんは伊東豊雄さん同様菊竹清訓事務所で働き始め、篠原一男の研究室で学んだ建築家である。菊竹事務所で「スカイハウス」に圧倒され、篠原研究室に移籍する前に一年かけて見て回った民家の中にスカイハウスと相同的な「ガランドウ」を感じ取ったのである。それはじつは長谷川さんが篠原一男に魅かれたところの第一の様式の建築に見られる性格だったのである。しかし、長谷川さんが篠原研究室に来たときはすでに第一の様式は終了しており、最初の仕事は第二の様式の「未完の家」を多木浩二さんが撮影する立ち会いだったそうだ。

学生時代から菊竹事務所に通う

――長谷川さんは篠原研の前に菊竹清訓さんの事務所にいらっしゃいましたが、どのようなきっかけでしたか。

長谷川　**当時工学部に女性は行ってはいけないというような風潮があり**、希望する大学を受験することもできず、大学で建築科には入ったもののじつは学校にはあまり行っていなかったのです。三年生でコースを選択しなければならなかったとき、松井源吾先生がいらしたので構造コースを取りました。建築の意匠は課題が出るだけで方法論を教えてくれるわけでもないし、構造を解くほうが楽しかった。建築の勉強はほとんどしないで船の設計者になろうと思ったりして、船の模型ばかりつくっていたので模型をつくるのはうまかったのです。

それで二年生のとき作成した模型が菊竹清訓さんの目に留まり、突然菊竹さんに呼ばれて菊竹事務所で「京都国際会議場」の模型のアルバイトをすることになったのです。それが評価されて、今度は四年生のときに「浅川テラスハウス」（一九六四）の実施設計を夏休みの一か月でするように言われて、すごくびっくりしながらもやりました。最初に描いた図面でしたが、ほぼその通り菊竹さんはつくられました。先日菊竹事務所の展覧会で、ガラスケースの中に、そのときの私の描いた図面が入っていて驚きましたね。大好きな建築です。それから意匠に目覚めて、四年生になって松井先生に「構造の卒業設計ではなくて、意匠をやらせてください」と頼んだら、「しっかりと構造を考えた意匠にしなさい」と言われてやりました。ですから「浅川テラスハウス」をきっかけに、大学四年生のぎりぎりのところで建築をやろうと思ったのです。

菊竹事務所では公共建築ばかりやっていましたが、私のように現場に出してもらえないスタッフは、自分が設計したものがどう使われているのか分からない。一生懸命つくった家具もインテリアも、使われているところを見ることができないのです。これを続けるのはむなしいと思い始め、ちょうど**その頃雑誌で篠原一男先生の「白の家」（一九六六）を見たのをきっかけに、もっと小さな規模の建築をつくりたいと思い、篠原先生のところに行くことを選びました。**

――長谷川さんの著作集の年譜を拝見すると、「徳丸小児科」をつくられた一九七九年に事務所を創設されたとあります。篠原研を卒業した人は篠原先生のような設計をする傾向がありますが、僕から見ると「徳丸小児科」はまるで違うもので、新たなステップにポーンと入られたような驚きがありました。

長谷川　事務所を創設したのは正式には一九八〇年の三月なのです。篠原一男先生がなかなか辞めさせてくれなくて……。篠原研究室に在籍して一二年目でした。

──僕はその年に東工大に入学しました。長谷川さんは独立とはいうものの、そこまですでに六軒の住宅をつくられています。それらが非常に話題作であり、僕たちも入学してすぐ、住宅の課題があるときに勉強させていただいたし、先輩でしたから驚きをもって見ていました。そのちょうど同じ年に槇文彦さんが「平和な時代の野武士たち」（『新建築』一九七九年一〇月号）という文章を書かれていて、野武士たちに長谷川さんも入っていました。

長谷川　槇さんは「徳丸小児科」を見にいらしたのです。

一年かけて日本中の民家を見て歩く

──長谷川さんの初期の頃からのキーワードに「ガランドウ」という言葉があります。これについて教えていただけますでしょうか。

長谷川　篠原研に行く少し前に、篠原先生が「民家はキノコ」という魅力的な言葉を使われているのを知り、実際の民家を見て歩こうと思いました。その前に「京都国際会議場」の模型アルバイトのあと菊竹さんにお礼をしたいと言われ、以前から見たかった「スカイハウス」（一九五八）をじっくりと見せていただいたのです。菊竹さんはそこで住空間の大切さなどを一生懸命お話しされ、その様子がずっと印象的で忘れられなかったので、**篠原研に行く前に「スカイハウス」の原点である民家を見なければならないとも思っていました**。

それで、菊竹事務所を一九六八年の一二月末に辞めて翌年四月に篠原研に行くまでというつもりが、篠原研に在籍しながら東北から沖縄まで一年かけて民家を見歩いたのです。そのときに、例えば岩手の民家などは、開けると対角線に全体が見えるのです。その様子がなんとも大きな空間で、それを見て「ガランドウ」だなあと思いました。民家の中にはいろいろな距離感が設定されて人との関係ができていて、そういう物理的な様子が面白くて、**その距離感と「ガランドウ」をテーマに民家をずっと見歩きました**。沖縄に行くと竹床というように地域で特有の素材があって、あと長く旅行しているとお祭りに遭遇したり、そこでおいしいものをいただいたり、さまざまな地域や生活があって、生活と祭りも建築と一緒に見て歩きました。

大学在学中に建築をまったくじっくり見ることのなかった私が、民家を通して日本の伝統的な住まい方から空間のあり方まで、一年間勉強することができました。それをずっと今でも引っ張っているのではないかと思います。

――つまり「スカイハウス」と民家は、長谷川さんの原風景のようなものなのですね。

長谷川　私が旅行中沖縄にいたときに、母を通じて「四月までに戻らないと退学だ」と篠原先生から連絡があり、慌てて帰りました。私が篠原研に入ったのは、先生の「白の家」を見て、「民家をこれだけ抽象化できるのか」と思ったからだったのですが、私が研究室に行ったときには、先生はもうコンクリートの箱をつくられていました。「未完の家」（一九七〇）を多木浩二さんが撮影するから立ち会えと言われ、それが先生との最初の仕事で、そのとき初めて多木さんに会いました。「白の家」や「谷川さんの家」（一九五八）、「から傘の家」（一九六一）など、篠原先生の民家からきている伝統的な住宅が好きで篠原研に行きましたから、コンクリートのすごい箱の「未完の家」は強烈だったのです。それはまったく違うものでしたね。「白の家」の抽象性などはそこにはなくて……。

――民家の中に対角線状に田の字プランが見えてくると思いますが、それがいちばん篠原さんの作品で表れているのは「から傘の家」かもしれませんね。

長谷川　そうですね。

――民家からくる距離とか対角線の斜めの線みたいなものが、長谷川さんの建築にも表れていると、抽象的な形で長い廊下がある「焼津の住宅1」（一九七二）や、斜めの壁のある「緑が丘の住宅」（一九七五）を見ると感じます。物理的な距離や大きさをつくられていることは、民家や菊竹さんのスカイハウスから学び、感じられたことだと思います。

焼津の住宅1（1972）

「ガランドウ」にはまた別の意味があって、いろいろなものが入ってくるということなのでしょうか。長谷川さんが書かれている中で、菊竹さんの「空間は機能を捨てる」という言葉があって、「スカイハウスには何でも入ってこられる」とあります。恐らく長谷川さんのつくられているものも、「何でも入っていいんだぞ」という意味合いがあるような気がしますが、いかがでしょうか。

長谷川 民家がそうですね。冠婚葬祭だけではなくてあらゆることを引き受けて、多様に使うことが可能です。日本の民家は全てそのような形式でできています。

――作品を拝見すると、長谷川さんが住宅設計を重ねていくうちに、そのような思想や発想が入っていたように感じます。

長谷川 そういう考えでスタートしてもなかなかリアリティのあるものにするのは難しくて、民家をそのままつくればいいわけでもありませんし、どうやってつくるのかを試行錯誤していましたね。

建築界での男性社会を痛感

――初期の文章を拝見すると、建築界は男性社会で、それに対する長谷川さんなりの生き方というのか、本能なのか作戦なのか分かりませんが、男性原理に対する女性原理のようなものが、建築にも表れているように感じます。

長谷川　全然作戦なんてないですね。いじめられている気分しかなかったです（笑）。

菊竹事務所では菊竹さんに大切にされる形でスタートしました。菊竹さんが敷地を見に行って帰ると整理して、私を横に座らせて「ファーストイメージを描いて」とおっしゃるのです。絵を描くのは好きでしたし、「都城市民会館」や「佐渡グランドホテル」とか、面白くてスケッチをいくつも描いて、菊竹さんに褒められて得意になってやっていたので、その様子をあとで聞くとスタッフのみんなはびっくりしていたようです。だから一年目から居心地が良くて、そのうち、「『東光園』の天皇陛下のお部屋は長谷川が設計しなさい。宮内庁に行ってきなさい」と言われて、家具からインテリアを一式設計することになりました。

菊竹事務所では女性一人でしたが、やりたいことがどんどんできて、五年間休む間もありませんでした。篠原研でも皆より年上だったせいか、篠原先生も小さな建築を設計することを許してくださったのです。

――それは長谷川さんだけですよね。篠原研では厳しい戒律があったことを僕でも覚えています。研究室の学生はコンペに出すことも駄目でしたし……。

長谷川　そうですね。研究室内のコンペでは私がいつも一番だったのです。「東玉川の家」や「粉と卵」などです。篠原先生にも在籍中は大事にされて、篠原先生の原稿を清書する秘書のようなことや現場に行くこと、設計料を取りに行くのも私がやっていました。

海外のコンペもたくさんやりました。でも私が公共建築のコンペを面白がってやっている裏で、男性たちの持っている独特の男性原理というか、嫉妬深さというか……それは大変なプレッシャーで、以前はとても仲良く付き合っていた同世代くらいの人たちと、だんだん疎遠になっていきました。

構造を生かすために生まれた皮膜

――長谷川さんはもともと松井源吾さんに構造を学び、菊竹さんもやはり非常に構造をよく考えられている建築家ですし、篠原さんも構造を建築のテーマにしていたと思います。ですが、長谷川さんが独立されてから、特に初期の住宅を含めて皮膜をつくられます。それは構造とは対極のように感じられるのですが、いかがでしょうか。

長谷川　強い構造を見せなくても皮膜をつくると構造が露出しますよね。

――それは分かります。でも皮膜は、現在の建築においては隈研吾さん、ヘルツォーク&ド・ムーロン等の作品に登場してきます。川向正人先生によると、あれはゴットフリート・ゼンパーから来ている非常に歴史の長いもので、それをチューリヒ工科大学（ETH）でヘルツォークたちに教えたから、今被覆が世界中に浸透しているという説明を聞きました。でも、そういうことをすでに、長谷川さんは一九七〇～八〇年代にやられていたわけです。歴史的にとても先行しているように僕は感じます。長谷川さんがやられたあと一度なくなって、今それがまた現れているように見えて、なぜ長谷川さんの作品にあのようなものが出てきたのか、僕には不思議です。菊竹さんにも篠原さんにもありません。

長谷川　「湘南台文化センター（以下、湘南台）」（一九九〇）でも「新潟市民芸術文化会館（以下、新潟）」（一九九八）でも「山梨フルーツミュージアム」（一九九五）でも、私と事務所員で構造を解いてコンペに出しました。「新潟」のコンペのあと、コンペのときにみんな構造家に頼んでいると気がついたのですが、それまでは全部自分で解いていました。コンペ後に構造家に見てもらってもほぼ構造は変わりません。「湘南台」のときから、構造と外皮の表現は別々に取り組んでいたような感覚がありました。学生時代松井先生に言われた「構造出身らしくやれ」ということをずっと守っていたような気がします。ですから内側から構造が見えるようにするためには、皮膜というものになってくるわけで、「パッケージする」と言っていましたね。「すみだ生涯学習センター（以下、すみだ）」（一九九四）などでもパンチングメタルでパッケージしたのは、多少構造から離れても自由でという意味があります。

公共建築初のコンペ当選から竣工まで

——長谷川さんは「眉山ホール」（一九八四、現存せず）で学会賞を取られました。二〇一九年に出版された四巻から成る『長谷川逸子の思考』（左右社）で比嘉武彦さんが「過激な複数化」と書いていらっしゃいますが、僕は「微分化」だと感じていました。物を細かくしていく手法が顕著に表れていますが、長谷川さんの発明のような気がしています。

長谷川　その手法をしばらく続けていましたね。「眉山ホール」は街の中の引っ込んだところに敷地がありました。静岡でいちばん古い女学校の同窓会館で、同窓会の人たちがお金を出して、学生たちがクラブ活動で音楽をやったり、大きな部屋も茶室などの和風な個室もありました。

――「眉山ホール」が学会賞を取られた一九八六年に、「湘南台」のコンペがあったわけですね。いくつかのコンペ案の中でいちばん実現できそうにない案だったと記憶しています。建物はほとんど地下なんですよね。模型では丘みたいなところに球が二つ置いてあるという、これを衝撃と言わず何と言うという感じでした。球がホールであることはだいたい想像がつくのですが、どうなっているのだろうと……。あのときの審査員は槇文彦さん、磯崎新さんなど大御所が名前を連ねていて、今考えるとあの案を選んだ審査員もすごいですね。まずはどうして全てを地下に埋めることになったのでしょうか。今でこそ、建物を低くしようとか半分地下にしようというのはよくありますが……。

長谷川　公共建築はそれまでは先輩建築家たちがコンペではなく特命でつくっていました。それで「湘南台」は公共建築の最初のコンペで三〇〇通以上応募があったのです。自分としては菊竹さんのところで五年間公共建築に関わっていましたが、誰が使ってどれだけ効果が上がっているのかが設計事務所には伝わってこないのです。だからその頃**公共建築に対して、誰のためにつくっているのか、本当に公共という機能を果たしているのかどうか不信感を持っていました。**ですから公共建築をつくること自体にずっと疑問を持っていた人間の案なのです。そうすると建築らしいヴォリュームは見えないほうがいい。私のコンペ案のテーマは「丘をたち上げる」というものでした。

最初に考えたときは、もっと何も外に出ていなかったのです。エントランスだけあればいいみたいな。だいたい私は自分で敷地を見にいくのですが、ついでに市役所や図書館に寄って敷地の歴史を調べたりしてきます。そうしたら、ここの敷地はかつて小さな丘があったところが区画整理された、つまり丘をなくしたところだということが分かったのです。敷地でその丘を懐かしんでいるおばあさんに会って、以前はちょうどいい散策する丘だったということを聞きました。それで帰って、もう一度おばあさんのために丘をたち上げようと思い始め、だから外にはエントランスしかなくていいというくらいの気分だったのです。それで最初の案は80％以上地下に埋まっていました。

——僕が「湘南台」に行ったときのイメージは、広場でした。もちろん球とフジツボのようなものがたくさんあるというのは見えるのですが、全体感としては外部なのです。「あのコンペのときのイメージがこれだったのか」と行ってみるとよく分かりました。

長谷川　広場をつくったほうが大勢の人に使われると思い、ちょうど道路を隔てて隣にある公園と一体化させようと、両方をつなぐブリッジを架けました。今ようやく街の人も地下に埋めて良かったと思っています。いすゞの工場がすぐ先にありますし、自衛隊の飛行機も飛ぶ、とてもうるさい所なのです。それが地下に入るとまったく音がしないことを分かってもらえるようになりました。

でも建った当初はあまり評価されませんでしたね。日本では評価をされた論評を見たことがありません。多木さんでさえ批判していましたから。反対に海外ではとても評価されて、アメリカやヨーロッパからコンペが山ほど来るようになって忙しくなりました。

――恐らく先を行きすぎたのですね。さっきの皮膜もそうですが一〇年、いや二〇年も三〇年もすごく先を行っているのです。例えば、「横浜港大さん橋国際客船ターミナル」(二〇〇二)も同様に屋上を使った建築ですが、「湘南台」はすでにその約一〇年前にやっていたことになりますから。僕はそう理解しています。あと、僕にはもっと形をつくっている人だと見えていたのですが、本を読むと、数多くのワークショップをやられていることが書かれていて、長谷川さんの使用者原理がすごいことがよく分かりました。

長谷川　コンペの最終に三人くらい残っている中で高層案があったり、その前もどこかの大手企業からとても大きな建築が市民に示されていたようなのです。それでコンペになって市民は立派な建築ができると思っていたのに、「地下に建築を埋めるとは何ごとか!　やりたいのなら屋上に庭園をつくればいい」と高齢者たちが騒いでいると市長が連絡してきたのです。そして「君の本を読むと、住宅でも住まい手と意見交換をして一年くらいかけてつくっているではないか。ここでも住民と意見交換をしてくれ」と言われて出かけていきました。市役所の人は「せいぜい反対者なんて数十人ですから」とおっしゃっていましたが、実際に行くと何百人もいるのです。どうもその前に建った公共建築が、自分たち市民が使えるものではなかったようで、「私たちは建築家が大嫌いですから。建築家は

勝手につくる人なのに意見を聞くなんて本気か」と言って集まっていたのです。それでみんなが納得するまで意見交換会を続けるように言われ、そうすることになりました。地下が悪いのであれば地下建築を見に行こうと、中野区立図書館の地下の食堂が静かで快適だということなど、いろいろと体験してもらって高齢者の住人がOKしてくれるようになるまで相当な回数通いました。

設計が終わって工事が始まると、今度はバブルになって坪九〇万円でどうやってつくるのだということになってしまいました。夜中から朝方までにスタッフと瓦を積んだりパンチングメタルにビー玉を埋めたり……。自主施工はいけないことですが、関係者に同意をもらい何度泊まり込んだことか。細かいところはほとんどずっと自分たちでつくっていましたね。そしていろいろな人が助けてくれました。

分棟してブリッジでつなぐ

――「湘南台」のあと、僕は長谷川さんが多木さんと出られていたレクチャーを聴きに行ったことがあるのです。そのとき、「アーキペラゴ」(群島化する)とおっしゃっていて、その後「すみだ」と「新潟」ができて見に行ったときに、こういうことを考えていたのだということが理解できました。建築を分棟にするという考え方は、極端な例ではその後西沢立衛さんの「森山邸」(二〇〇五)がありますが、「すみだ」や「新潟」の頃に、公共建築を分棟にすることはあまりなかったと思います。そういう意味でも、やられていることが早いとつくづく感じます。なぜ「アーキペラゴ」ということを考えられたのでしょうか。

p.140-141 湘南台文化センター(1990)

長谷川　「湘南台」で隣の公園との間に架けたブリッジをみんなすごく渡るのです。楽しいのですね。「すみだ」では、要項には三種類の機能があって、プログラムはどう見ても一つのビルディングなのです。他の人の案には三種類の機能を縦に積んで、共通部分はエレベーターと階段、エントランスしかないものがありました。そういうものを「すみだ」では要求されていたのでしょうし、きっとそれが正しかったのでしょう。私は「湘南台」をつくってから、ブリッジを架けることで人の動きがまさに見えてそこでコミュニケーションが行われると知っていて、それには群島計画がよく合うのです。

――人のいない公共建築ほど寂しいものはないと思いますが、それを顕在化、視覚化しているのですね。「すみだ」は木密住宅地の非常にごちゃごちゃしたところにあって、その中で、あれがもし一つの塊だったとしたら、怪獣みたいなものがどんと来たようになってしまったでしょう。分割されて、木密の路地とつながっているとほっとします。だから分棟することでスケールダウンしていくのは非常に有効なのだと感じました。

長谷川　それは確かにありますね。施設の中にもあちこち三方の道路から入れますね。

――公共建築はだいたいがいかめしくて、正門があってどこから入っていいのか、構えがあるじゃないですか。長谷川さんの公共建築にはその構えがないことが素晴らしいと思います。ブリッジは公共建築だけではなく、集合住宅の中でも使われていますね。

滑川アパートメント（1998）（設計　長谷川逸子・建築計画工房、横須賀満天建築設計事務所）

長谷川　「滑川アパートメント」（一九九八）は、敷地に一〇メートルくらい高低差があって、茨城県は私が造成するだろうと思っていたようでしたが、造成しないでだんだんに建物を建てて、スロープでつなげていくことにしたのです。それでスロープを少し幅広くしておくと、そこで奥さんたちがしゃべったり子どもが遊んでいたり、まさに集合住宅で共通のロビーをつくっても使えないという時代に、ブリッジでコミュニケーションスペースをつくろうという手法がここにもあります。ブリッジというのは空中で、なんだか居心地のいい風が吹く場所だということが分かってきて、それから積極的にブリッジの機能を導入してつくってきました。

運営まで関わった二〇〇〇人収容のホール

――「新潟」はまだオープンする前、工事中にうかがいました。屋根に上って、公共建築の屋根を公園化するということは伊東豊雄さんも「まつもと市民芸術館」(二〇〇四)でやられていますが、やはりこちらのほうが早くて、公共建築をこのようにつくるのは、それまで見たことがなかったので非常に驚きました。

長谷川 丘ですから当然植物を植えたいと思っていたら、都市の中の屋上に庭園をつくるなんてやってはいけないことだと怒られたことがあるのです。「湘南台」の頃まで建築の上に植物を載せるのはうまくいくはずがない、建築の質が悪くなると思う人がいました。それで私がそのことを市の担当者に伝えたら、その担当者は「屋上庭園がほしいからコンペ通りにやってください。もし困ったら助けます」とおっしゃったのです。「植物の種類を地元のものにしたい」と言ったら、この辺りの植物を百種類ほど教えてくれて植えました。

――この地方都市で二〇〇〇人のホールがどのように運営されるのか、当時結構話題になりました。運営をうまくさせるために、ソフトの部分から組み立てている努力をかなりされていたことを、書籍『長谷川逸子の思考』で知りました。ソフトづくりは恐らくコンペの要項には入っていないでしょうし、設計とは違う仕事ですが、どうやってコミットしているのでしょうか。

長谷川 ずっとワークショップをしていました。この施設にはホールがいくつかあって、歌舞伎もオペラもやるのです。新潟の人たちは音楽や演劇などが好きで同好会がいろいろあって、子どもから大人までのフィルハーモニーもあります。そういう人たちに施設を使ってもらうために、ホールの運営や技術的なことも全部知ってもらおうとワークショップをスタートしましたが、やっていくうちに市民からすごく要望が出て、いろいろ有名な方に来ていただいて、お話もうかがったし実演もやりました。衣装や舞台をつくってオペラもやりましたよ。私も出演しましたし……。私ももともと演劇や音楽が好きなので、割とその世界に知り合いがいて、お願いしてワークショップに協力していただきました。おかげでいろいろな方たちが今でもずいぶんここで活動してくださっています。

二〇年でどのくらい施設が消耗しているかを調べたら、建築は全然問題ないのですが、音響や照明の機材が高度化し、運営者の要望でリフォームに入りました。そこで事務所でリフォームを手伝い、あとホールと劇場、能楽堂の天井の耐震化を図りました。二〇年で財団にお金があってリフォームができることはすごいことだと思います。

建築をつくることより考えることが必要な時代

——最後に長谷川さんから若い人へのメッセージ、もしくは建築がこうなっていくべきなのではというお話をいただけますでしょうか。

長谷川　私は今NPO「建築とアートの道場」の代表をしていますが、確かに若い人たちは話がうまいのです。調査したりするのも上手です。でもこの間行ったワークショップでは、大学院生が多いのに建築のプログラムやソフトを考えろと言ってもあまり考えてこない。それでリアルなものを最後に残すように言うと、図面もスケッチも描けない。学校教育が低下しているかなあと少し感じてしまいました。

手でスケッチしたり模型をつくったりするより、コンピューターのほうがうまく使えて手をあまり動かさないのでしょうし、情報も山ほどあるから考えないのでしょう。リアリティがあるものをちゃんと見て感じるということが減っているのですね。だからそういうチャンスをつくることが大事ですし、学生たちは日本中の建築を見て歩くべきではないでしょうか。どうも先に進んでいるのではなく低下しているように感じるところもあります。

これを克服するのは大学しかないでしょう。若い建築家のレクチャーを聞いているとすごく世の中に敏感でデリケートだし優秀なのです。でも彼らが表現する場所がすごく減っています。今までたくさん建築をつくりすぎたから、これからはつくれなくなる時代に入ると思います。だから建築家も、もっと環境や社会や公共の場のあり方とか、つくることだけではないところで機能していくべきですね。そういうことを積極的に若い人たちが学ぶことで、結局建築のレベルも上がっていくことになると思うので、私は若い人のためにつくることよりも考えることをワークショップでやっています。そうするとそのうち先が開けてくるだろうし、いろいろな仕事も付随してあるように思います。

（二〇二〇年一月一五日　長谷川逸子・建築計画工房にて収録）

「間《ま》」の発見

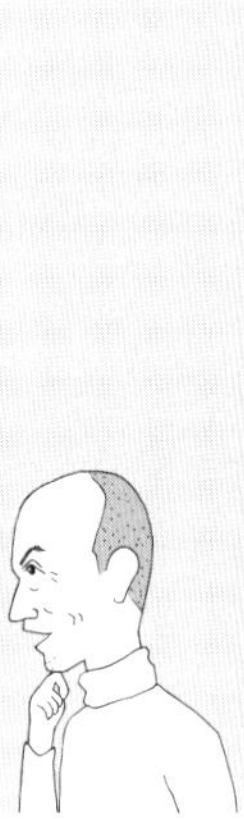

前章では建築家が直接的にデザインしているものは「物」なのであると説明した。確かに建築家が描く線は物なのだが、ではわれわれは物それ自体だけを設計しているのかというと、そうではなく、その物と物のあいだに生まれる空間の設計をしているともいえるのではないか。われわれは平面図においては線で壁（物）を表現している。しかし壁と壁のあいだには結果的（なのか意図的なのか）に空間が生まれるのである。断面図では床、天井、屋根といったものを表しているが、ここでもそれに囲まれた空間が生まれており、最終的にはこちら（間）を表そうとしているともいえる。

間はいつ生まれたのだろうか

拙訳『言葉と建築』における著者エイドリアン・フォーティーの説明によれば、それまでの建築の基本であるオーダーの参照なしに（物のデザインの前に）建築の説明を始めたのはゴットフリート・ゼンパーが最初である。また、ゼンパーは建築の起源は空間を囲むことだと言っている。それは一九世紀のことで、その考え方はアドルフ・ロースに受け継がれた。哲学的には空間の把握は人間が先験的に持つ能力であると言ったのは、イマニュエル・カントである。それは一八世紀の終わり頃で、その人間に内在する感覚が空間の美を見いだす力を持つと、アルトゥール・ショーペンハウアーは言った。さらにゼンパーの考えを受けた彫刻家のアドルフ・ヒルデブラントは建築においては形が空間をつくると指摘した。このように間という概念が、建築界あるいは建築を取り巻く哲学界に現れるのは、せいぜいこの二〇〇年くらいのことである。それまで建築は物の数比だったのである。

間の形式性と質料性

ヒルデブラントが「形が空間をつくる」と指摘したことを「空間には形がある」と言い換えることも可能である。例えば、立方体の空間、直方体の空間、三角錐の空間など、同じ空間にもそれを囲う床／壁／天井の形が、それに囲まれた間に形式を与えるのである。また一方で間は常に同じ色をした、同じ透明度の空気を内包しているとは限らない。ルイス・バラガンの教会のように窓が全て黄色いガラスでつくられた教会に入ると、あたかも空気が黄色く染まっているかのようである。また加湿器で湿度を急激に上昇させた空間は白く靄がかかったようになるときがある。こういう色や透明度は間の質料性と言い換えることができるだろう。間にはこうした性質もある。

二人にとっての間

伊東豊雄さん、長谷川逸子さんの二人にとっての間を考えると、伊東豊雄さんはモダニズムのキューブという形式性を更新した。長谷川逸子さんは形式、質料の問題を飛び越え、間と人間の関わり、間の保持する雰囲気という別の視点から新たな間を創出した。詳しく見ると、伊東さんにとって間は、あるプロジェクトでは現れ、あるプロジェクトでは消えるものだった。しかし今振り返ると、やはりこの間が現れるときに安堵があるようである。間は「中野本町の家」で濃密に現れ、「シルバーハット」では希薄化した。間を強く打ち出すためには間を囲む物が連続的で途切れてはいけないのだが、「シルバーハット」はむしろその囲みをやめた形式である。しかしその囲みは、その後現れては消えた。そして「台中歌劇院」で、再び囲みが現れ、間が生まれた。そして「中野本町」も「台中歌劇院」も間の形式性に独特のものがある。それは曲面で構成されたチューブのような形なのである。モダニズムが発見したキューブとしての間ではなく、新たな間の形式を具現化したのである。

長谷川さんの「ガランドウ」というコンセプトは間に何も見いださないということを意味している。これは間に機能と美を産み出そうとしていたモダニズムへの批判である。そして何もないことの可能性とは何かといえば他者への期待ではなかろうか? 誰かがやってきてこの「ガランドウ」を使いこなす、そんな未知な他者性への期待だろうと私には感じられる。

第3章

関係性

Relation

坂本一成

Kazunari Sakamoto

矛盾

一つのシステムでものをつくらない

坂本一成さんは私の先生であったし、いまだにお付き合いいただき、さまざまな教えを受けている。現代日本の建築家の中でも最も知性的な建築家の一人である。氏は建築の主張を常に相対化する。AというＢ主張はBあるいはCとの関係の中で存在すると考えている。そしてその関係の論理は時として矛盾をはらむ。いやはらんでいるように見せるかのようである。表題に矛盾と記したのはこのことである。論理だけではなく実体の上でも構成論を創造の道具としているが、これを用いて建築の物や間《ま》の関係性を探求しているのである。

閉じた箱をつくる

――先生の処女作は「散田の家（以下、散田）」（一九六九）で、先生が東京工業大学の大学院生のときに設計したものです。「閉じた箱」と言ってこの家をつくられたときの考え方をお聞かせください。

坂本　僕は一九六〇年代に東京工業大学で建築の勉強を、そして実務と同時に研究も始めました。その頃、大学には設計担当の先生に谷口吉郎先生、清家清先生、篠原一男先生がいらっしゃいました。当時清家先生は戦後の新たな住宅像の一つを確立されていたといえます。新しい民主主義の時代を表現されるような明るい開放的なものをつくられたわけです。それに対して篠原一男先生は、新たな完結した世界を住宅でつくる建築家であったと思います。

僕は当初は清家先生の研究室で卒業研究をしたかったのですが、学部四年のときに数か月スペインに研修に行くことになって、清家先生から「いいねえ、せっかく行くのであれば帰って来なくても良いのでは?」と言われ、見捨てられたと思い、篠原先生のところを訪ねたのです(笑)。先生はとても親切にいろいろなサジェスションをくださり、僕の集落の研究をしたいとの願いに、「うちの研究室もちょうど集落をやろうとしていたんだ。**坂本くん一緒にやろう」と言われて、純な学生だった僕は嬉しくなって篠原研究室に行くことになりました。**建築家・篠原一男が研究室で語る建築論はとても魅力的で、どんどん篠原イズムに染められていきました。ですから「散田」は篠原先生の影響が特に大きく、建築家たるもの一つの世界を構築し、完結した可能性のある世界を示したいという思いに駆られました。

一九六〇年代の日本はひどい環境汚染がありました。中でも大気汚染が大問題で清家的な開かれた建築は時代の現実にそぐわないと思い始めました。特に都市の建築は閉じるしかない、それならばその閉じた空間で世界を見いだしたいと思いました。当時の僕はかなり観念的だったのでしょう。物理的には結構開いていますが、閉じていると認識していたのです。そのような「閉じた箱」を標榜して実現したのが「散田」です。

篠原先生の「白の家」(一九六六)は僕が研究室に入った翌年に完成しましたが、当時はモダニズムの時代でしたから、**正方形プランで瓦屋根のお堂みたいな建築は、設計中はアナクロだと思っていました。ところが実際に見にいって驚きました。**自分の想像力の貧困さを痛感し、この建物に圧倒されました。「散田」とは正方形プラン、柱が真ん中にあることも共通しています。ただ違うのが、先生

は白い箱の中に完結したまとまりの世界をつくり、正方形プランを約二対一に壁で分割して二つの領域をつくっていますが、その間に関係をつけていないのです。ただ上部に小さな窓のようなものを開けていますが、象徴的な意味だけのもので、そのことに僕は腑に落ちませんでした。**僕はその閉じた箱の中で、関係性の世界をつくりたいと思いました。**それで「散田」ではいろいろな開口部を設けて関係性をもたらしています。そんなことで、僕はここから建築家としてスタートしたことになります。

スケールを小さくする

――その後一九七〇年に「水無瀬《みなせ》の町家（以下、水無瀬）」が完成します。「散田」同様、僕は何回も拝見していますが、「水無瀬」もやはり閉じていると感じました。先生はこの家にはご自身の思う「スケール」が表れているとおっしゃっています。先生のスケール感の根源は、身体性ではないかというのが僕の推論ですが、いかがでしょうか。

坂本　「水無瀬」は「散田」と同じ八王子市内でも古い街道筋に面して建っていて、敷地も狭く、コストの問題や周辺環境との関係もあって、小スケールでも成り立つタウンハウス形式となりました。ここではスケールについて特に意識しました。おっしゃるように身体的なスケールということもありますが、もっと**日本の伝統的な、あるいは慣習的なスケール感みたいなことを考えていました。**二層であっても、普通の二層分の高さに比べれば格段に低いのです。この「水無瀬」以降、内外共に高さを抑える作品が続きます。
かつて多木浩二さんに、私の作品に対して「アンチ・クライマックス」と言われたことがありますが、篠原先生はクライマックスなスケールを求めていたけれども、私はそうしないでも何かできないだろうかと思っていた気がします。そこで「水無瀬」は見慣れたスケールを小さくすることによって可能性を見いだそうとしたのです。その後もっと天井高の低い建築をつくりますし、そういう意味では必ずしも身体性だけではないと思っています。

——伝統というのは初耳で面白いと思いました。

坂本　伝統というと少し重すぎるかもしれませんね。前の時代までの民家や集落によって形成されてきた日本の空間のスケールやプロポーションがなくなることによって混乱した社会環境を相対化したいために、スケールの操作が必要だったのかもしれません。

当たり前のものの中に当たり前でないものを

——作品集『建築家・坂本一成の世界』（LIXIL出版、二〇一六）の中で「特別でないことのなかに、特別なものをつくりたい」と書かれていますが、それは、大きくするのは楽だし、そういうエキセントリックなもののなかに特別なものをつくることは簡単だ。そうではなくて自分はもっと難しい道を進むぞということでしょうか。

坂本　そこまでは思っていないけれど……（笑）。篠原先生の作品を見ていると、クライアントやコストに恵まれていたこともあり、先生にとって特別なものができる可能性があったわけです。僕も特別な空間世界をつくらなければ建築にならないと思っていましたが、そうしたくても条件が揃っていないわけですから、当たり前のもののなかに当たり前ではないものをつくることで特別なものをつくろうとしたのでしょう。

――「特別でないもの」を言い換えているのが、先生がロラン・バルトから引用している「記号性機能体（fonction-signe）」という言葉です。これは先生の作品を理解する大事なキーワードではないでしょうか。先生はその後、家型の建築を連続的につくりますが、家型がまさに記号性機能体を表しているといえます。先生はあえて「家は家である」というトートロジーで家以外の意味が付着しているような家はつくりたくないとおっしゃる。それはまさに特別に見えないものをつくることの言い換えなのでしょう。それらが「代田の町家」（一九七六）を含み、連続的につくられます。また「代田の町家」にはさまざまな材料が使われているにもかかわらず、その意味を消したいとおっしゃっていて、それは特別に見えないものをつくることの表れですね。

坂本　**僕はものに対しての思い入れやその素材に意味を包含させることが好きではないのです。**それは材料が機能以上に、イメージを形成することから社会がもたらしている意味が材料に付着することで、通俗的な空間となりかねないからです。

部分と全体

――「南湖《なご》の家」(一九七八)は、このあとの中国での書棚のある建築と関連してくると思います。僕は先生に連れられて「南湖の家」を見たことがあります。そのときに感じたことと同じようなことを伊東豊雄さんが書いていて、特徴はもちろん中の書棚なのですが、外の何でこんなところにあるのかというところに塀が建っていて、その内側がとても気持ちがいい場所になっています。そしてそれがそのまま室内に連続してくる。外と内の関係をつくることは、その後も先生の特徴だと思っています。中の構成では多木浩二さんは「全体をつくりながら部分を自立させる」という言い方をしていますが、ここでいうと本棚という部分がずっと組み上がっていきますが、本棚だけでできているわけではない。だからといって全体の家型が勝っているかというとそうでもない。その辺の部分と全体の感覚、あるいは部分が全体と連動しないあり方についてどのように考えていらっしゃいますか。

坂本 何かが強く前面に出てくることは楽しくないのです。先ほどの材料の質感を見せることに対して信頼感を持てないのも同じ意味合いですが、ニュートラルな全体に連続しながらそれでいて各部分の存在を位置付けたい。「地」と「図」が常に入れ替わる、「図」であるものが「地」になることが当たり前になるような関係にしたいということだと思います。「南湖の家」で棚がないと大きな壁量になってしまい、それでは空間的にかなりきついと思います。だから別の柔らかな囲われた場にして、その囲まれ方の強さを弱めることで壁という意味が消えると考えたのです。

家型からの変化

——先生の建築ががらっと変わるのは、一九八四年の「プロジェクトKO」です。同じ年に伊東豊雄さんの「シルバーハット」ができて、「プロジェクトKO」は実現しませんでしたが、一九八八年にできた「House F」に具現化されていきます。一九八三年に先生が東工大に着任され、翌年に大学院の授業で先生が、「建築なんて空から風呂敷がフワッと降ってきて、それが場をつくればそれが建築だ。あえて言えばガウディの幼稚園みたいなものだ」とおっしゃったことをはっきりと覚えています。「House F」を見に行ったときに、あのときの話はこういうことだったのだと思いました。伊東さんもそれまでの閉じた箱が徐々に開いてきたのですが、ここにはそれとは比べものにならないくらいそれ以前の作品との断絶があります。ここから新たな一枚の布という建築ができました。その変化についてお聞かせください。

坂本　社会的には当時ポストモダニズムが言われ始めた時代でしたし、また僕だけではなくて多くの建築家が家型をやるようになっていました。初期の家型は、切り妻屋根を中心とした建物で、何でもない建物のあり方だという考えでしたが、次第にレトリカルに、マニエリスティックな方向に行っていると自覚し始めました。伊東さんも同じように家型をやっていて、それが気になり始めていたのです。

僕の「代田の町家」（一九七六）、伊東さんの「中野本町の家」（一九七六）ができて以降、多木浩二さんと三人で話をする機会が多くありました。「もう家型はないね」と、もっと即物的なあり方で建築を考える必要があるのでは、また、**形式的なものになってしまった家型ではなく、もっと自由で、ただ大地があって、そこに覆いがあって、それを支える架構があり、必要ならば区切る何かがあればそれでいいと**、三人で話しました。そして伊東さんが「シルバーハット」で実現したわけです。僕はその頃プロジェクトだけで、やっと実現できたのが「House F」でした。

一つのシステムでものをつくらない

――「コモンシティ星田（以下、星田）」（一九九一～九二）は、先生の作品の中で、中国のプロジェクトの前ではいちばん規模が大きいのですが、一戸一戸は普通の住宅という前代未聞のプロジェクトです。建築家が手掛けたこういうプロジェクトはほかに見たことがありませんし、これからもなかなかないでしょう。僕も見に行きましたが、ひな壇造成をしていないことが特徴的で、一階に駐車場をたくさんつくって駐車場の向こう側に道が見えるというような景色です。これには今までにない自由度が感じられます。のちにつくられた「東工大蔵前会館」（二〇〇九）は、塀をつくらないキャンパスが特徴ですが、あの開放感に通じるものがすでにここにありました。

「星田」は「南湖の家」での、部分を規定しない話につながりますが、コンペ審査委員長の上田篤さんをはじめ槇文彦さんや東孝光さん、長谷川逸子さんたち審査員の方々が、ある一つのシステムでものをつくっていかないことをすごく評価しているところが素晴らしいと思いました。ここで大規模な開発の考えをつくられました。

坂本 「星田」でやろうとしたこと、実現したことが、その後の集合住宅の団地計画、「熊本市営託麻団地」（一九九二〜九四）、「幕張ベイタウン・パティオス四番街」（一九九五）、あとはミュンヘンのジードルンクのコンペ、近年の中国でのアーバンデザインの設計などの考え方に連続したと思っています。

――一九九九年にご自邸の「House SA」ができ上がります。作品集に藤岡洋保さんが「大まかな原則はあるが、局面の状況でそれは変わる」と書かれています。つまりこれも「星田」のように、一つのシステムのようなもので物をつくらないことの表れなのだろうと感じました。もう一つ僕が重要だと思うことに、一つの動線で空間が構成されていくことがあります。この長い動線体はやはりのちの「上海当代芸術博物館図書館」などにつながっていきますが、どのような意図でつくられたのでしょうか。

坂本　かつて小さな住宅を設計していた頃に、**篠原先生から「一枚でもいい写真が撮れれば成功だよ」と言われた**ことの影響で、基本的に一枚の写真によって建築が表現できることにこだわっていたところがありました。けれども、規模が大きな建築であれば一つの場面では表現できなくて、いくつかの場面をつなぎ合わせることで表現となる。また体験する動線に沿って物語が展開されることもあります。そういうことで理解できる空間、逆にそうでないと理解できないような空間は、**断片的な一枚の**

写真では表せない。「星田」は約二・六ヘクタールの一一二戸の住宅地ですが、一つのシステムが形や世界をつくってしまうことを避けたかった。設計を始めた頃は形式が世界をつくり、その形式をつくることが建築をつくることだと考えていたところがありました。ところがある種の形式性みたいなものが強くなればなるほど、それによって硬直したものしかできないと感じるようになり、強すぎる形式性を壊したかったのです。

「House SA」は、螺旋状につながる動線を前提にしていますが、それを強く形式化するのではなく、敷地の形状に沿わせること、また方位への対応によっての壁の位置や屋根の傾きといった外的なことへの対応で全体がつくられています。そのことから一つのシステムだけにはならないのです。そうすることで多様なものを包含することができて、より開放的なものになるのではないかと考えるようになりました。

スモール・コンパクト・ユニットとアイランド・プラン

――二〇〇六年にドイツ工作連盟一〇〇周年記念の国際コンペ「工作連盟ジードルンク・ヴィーゼンフェルト、ミュンヘン(以下、ミュンヘン)」で一等を取られます。これには、大学院時代から設計に関わられている久野靖広さんが担当されています。コンペ案のコンセプトは「スモール・コンパクト・ユニットとアイランド・プラン」でしたが、一ヘクタール当たり約一〇〇戸というのは、日本の団地の昔の標準くらいの大きさです。

坂本　ドイツはさすがジードルンクの本拠地で、日本住宅公団の団地のような羊羹型で五〜六層の建物が並ぶ均質的な感じの集合住宅で街がつくられているように思われました。

――「ミュンヘン」の案には一〇層ほどの高層棟と低層棟があります。高いのも低いのもあるという他の現地の集合住宅とまったく違うところが評価されたのですね。

坂本　評価された面と、乱雑なものをつくるのかという批判もありますし、両方です。たぶん審査員の中でも評価は分かれたと思います。

――「架構のスケールと人のスケール、どちらかだけに頼らないでつくる」と作品集に書かれています。「egota house」(A(一期)二〇〇四、B(二期)二〇一三)のときに、「今までの自分がこだわっていたスケールというものを外す。誰が住むのか分からないのに、ある固定した考え方のスケールをはめ込むことはおかしいから階高も一般的なものにしておく」という発言をされています。

坂本　「egota house」では、研究室で議論をしながら「スモール・コンパクト・ユニットとアイランド・プラン」というコンセプトを考えました。
当時まで集合住宅の設計はコミュニティ意識が特に重要視されていましたから、集合住宅の考え方としては、いかにいい共用部をつくるかが重要な考え方でした。そうしたなかでコミュニティ論を展開するのではなく、建物の構成論を中心に展開しました。建物を小さく分けて、島状に分散させることで建物の内部が外気に面する部分が多くなり、それだけ環境との関係が密接となり、空間として効率のいい豊かなスペースになるという考え方です。「egota house」は一階を半階分だけ埋めて四層にして二階ずつのメゾネットにしていますからエレベーターなしでも済みます。それによってコモンスペースを建物内部に持たなくて、外部で対応するという考え方です。**僕の知る限りでは、それまでの集合住宅に「スモール・コンパクト・ユニットとアイランド・プラン」というような考え方の計画は知りません。**そうした考えは「ミュンヘン」につながりました。

中国プロジェクトでのスケール感

――次に二〇二二年完成予定の「東銭湖国際教育フォーラム専門家スタジオ」。この仕事が始まったのが二〇一三年で、ここから坂本先生の中国での巨大プロジェクトが始まります。これはポルトガルのアルヴァロ・シザと中国の張永和《チャンユンホー》と一緒にやられています。この仕事がどのように始まったのかを話していただけますか。

坂本　僕と中国との関係は、僕が勤めていた東工大と中国のいくつかの大学と交流があって、その一環として講演を頼まれて最初に行ったのが二〇〇八年、上海の同済大学でした。それまで中国とはまったく関係がなかったのですが、その後南京の東南大学、広州の華南理工大学、そのほかハルビン工業大学、杭州の中国美術院などにも講演に行きました。そのうちに展覧会の話が出て、中国での初めての展覧会を二〇一一年に同済大学と東南大学で行い、その際に知り合った先生たちとの関係で中国の仕事をするようになりました。

そうしたなかで浙江省寧波《ニンポー》にある学校法人の運営者に、日本の建築と中国の建築の設計上の違いについて聞かれました。中国は日本よりも設計も含めて分離発注が多く、それを統合するのがクライアントです。一方日本の場合は建築家が現場の監理までを含めて全体に携わることが一般的ですから、建物全体に対しての目の配り方が違うのではないかということを話しました。また中国での分離発注の結果、例えば設備設計は建築設計のあとに行われ、設備を加えやすいように階高などのスケールが必要以上に大きくなっていると思われると、そんな話をしているうちに、寧波にある東銭湖に、日本でいう大学セミナーハウスの超大型版のようなもので、大会議場、宿泊施設・ホテルから成る施設をつくりたいと。ホテルや会議場はすでに設計者が決まっていて、その他を張永和さんにマスタープランと一部の建物を頼み、アルヴァロ・シザさんにいくつかの建物、そして僕等にそのうちの三棟を設計できないかと求められたわけです。

一本の動線が続いていく図書館

——二〇一五年、「アンチクライマックスの建築　坂本一成建築展」が上海の当代芸術博物館（PSA: Power

Station of Art）で開催されました。僕も行きましたが、火力発電所をリノベーションしたミュージアムで、先生はそこに図書館をつくるのだと案内してくださいました。まだ完成していませんが、巨大な壁をふさぐ、全て人間スケールの本棚をつくり、ぐるぐる回る長い通路・スロープ、動線体に特徴があります。

坂本　二〇一四年から図書館の設計が始まりましたが、当初はその竣工に合わせて展覧会を開催するという話だったのです。ところが、予算が計上困難になり、なかなか進まない状態なのです。中国のプロジェクトは実現までの期間が長いのも多くあるようです。どうも最初の設計は、予算を計上するためのようで、日本の設計プロセスのシステムとだいぶ違うところがありますね。

――この図書館はどのくらいの大きさで何冊くらい収蔵するのでしょうか。

坂本　延べ床面積は約一七〇〇平方メートルです。基本的には美術専門書の開架図書館で、所蔵図書は二万～三万冊くらいです。場所は巨大火力発電所の内部で、図書館として独立した単体の建物ではありません。使えるヴォリュームは火力発電所の内部の大きなヴォイドの部分で、建物の一階のホールから図書館が見えるように考えています。スペースの内部を巡回することによって楽しめるようなものにしたいと思いました。図書館に高い空間をつくると高い本棚となって、そこの本に手が届かなくなってしまうのが嫌だと思いましたので、通路に沿っていけば必ず手に届く範囲に本があり、高さが変わっていくから、それがどんどん積層して大きな空間となる、**つまり手が届く書棚が連続してい**

く空間をつくりたいという提案にクライアントが賛成してくれました。閉架の書庫も外部のホールから見えるようになっています。また、途中でホワイエがあって、その上にカフェがあったりという多重な構成です。

――「House SA」と「南湖の家」の考え方がそのままつながっているような感じですが、でもちゃんとスケールが操作されていて、巧みに一七〇〇平方メートルの空間になっていると思いました。小さいスケールのものをずっとやられてきた人が、大きなスケールのものを手掛けるのは難しい場合もありますが、このプロジェクトを拝見したときに、まったくそのような印象を受けませんでした。

中国でのいくつかの大型プロジェクト

――そして「常州工学院国際学術交流センター」(二〇二〇)ができました。中国の大学特有のキャンパス内ホテルですね。

坂本 そうですね。この施設はいわゆる大学の迎賓館で、宿泊施設のほか、会議室やホール、大型レストラン、ブックカフェなどがあります。中国の大学はだいたい全寮制ですので寄宿舎が多く、キャンパスはほとんどが塀で囲まれていますが、大きな敷地で都市の様相を示すような環境です。

――これはどういうきっかけでお仕事をするようになったのでしょうか。

坂本 二〇一五年に華南理工大学で講演をした際に、展覧会（「建築的詩学―坂本一成建築展」）も開催してくれました。ちなみに中国の大学のいくつかは、建築設計研究院という設計事務所を持っていて、華南理工大学の設計院も千数百人の所員がいます。

華南理工大学の学科長が、設計院の院長も兼ねていますが、常州工学院のキャンパス計画の設計をコンペで取り、建物の一つを一緒にやらないかという話をいただき、「国際学術交流センター」の設計が始まりました。全体が一万八〇〇〇平方メートルで僕たちの手掛けた建物で最大のものです。

――二階に上がると屋上庭園があり、二つの棟が表と裏もしくはAとBというような構成ですね。

坂本 キャンパスに直接向かい合う側と、その外部に向かい合う側の二つの方向性があります。「東工大蔵前会館」の上に宿泊部分があるという構成で、ホールやレストラン、ギャラリー、カフェ、会議室などのいろいろな施設がほぼ一階にあります。

――ほかにも敷地面積約二〇万平方メートル、延べ床面積約八〇万平方メートルのプロジェクトを手掛けていらっしゃると聞きました。設計はいつ終わって、着工はいつでしょうか。

坂本 マカオの隣にある珠海市の海辺、横琴地区の新たな新都市で、「珠海横琴科学城」というサイエンス・シティの三期目全体の都市デザインです。全体のマスタープランをわれわれと東工大の奥山

信一研究室、カタチ・デザインの川上正倫さんで担当し、スーパーバイザーを行うのは、東南大学の王建国研究室、および郭屹民《カクイミン》さんです。あとは華東建築設計研究院が全体の建物の施工図設計をやることになっていますが、その前提となる各部の建物の建築設計はわれわれを含めてイギリス、中国、日本のさまざまな設計事務所が関わることになっています。

話があったときには、碁盤の目状に近い道路割などがすでに決まっていて、最初はそれに沿うように考えていましたが、均質的すぎるということで、広場を中心にした街区構成を新たに提案し、碁盤目状が崩れました。都市全体は薬品関係の研究実験室群と、オフィス棟群等、商業施設エリア、住戸棟群から成り立っています。クライアント側からこのような施設用途の大まかな配分が与えられていて、それをどのようなヴォリュームに分節していくかがアーバンデザインの一つの骨格になります。

急いでやってほしいと言われていますが、条件などがクライアント側で決まっていないことも多いので、進められないところもあります。大きなプロジェクトですので仕方ないでしょうが、中国の仕事は公共にしても民間にしてもそうした印象があります。日本の公共の仕事は、プログラムがきっちり決まりすぎているくらいですから、それに比べると大らかというのか……。でも、中国・日本両方とも行きすぎのような気がしますね。

——前半の住宅のお話から、後半の知られざる中国の大規模プロジェクトの数々までお話をうかがいましたが、今後に向けてどのようなことを考えていらっしゃるか教えていただけますか。

p.170 -171 常州工学院国際学術交流センター (2020)
(設計 アトリエ・アンド・アイ 坂本一成研究室、
華南理工大学建築設計研究院)

坂本　今後のことですが、当面は、今お話しした新都市のいくつかの建物の具体的な設計とランドスケープの設計に対応することとなります。建物は超高層のオフィス棟、宿舎棟、商業施設、そしてスポーツ・センター等ですが、二〇二二年いっぱいはこれらの仕事が中心になると思います。そのほか、中国内での施工中、ないし施工が始まりつつある建物の工事監理がありますが、このコロナ禍ゆえ渡航できるまでは、オンラインでの対応ですね。

また、ミュンヘンの住棟の一棟だけでも建てたいとの計画が進みつつあります。打ち合わせがオンラインで始まっていますが、まだ遅々としており先が見えません。もう少し時間がかかりそうです。ここのところ国内での活動では途中で計画を断念せざるを得ない仕事が続き、展開できていません。ぜひ国内での良い仕事もしたいと思っています。

実務以外では、論説集と作品集を考えています。論説集の一つは『建築に内在する言葉』（TOTO出版、二〇一一）の増補新訂版です。初版に八編を追加することで約五割増しのヴォリューム案が、版元を替えて再販する計画で進行中です。また長期的には懸案の「スケール・プロポーション」論、そして「中庸の詩学」といった建築論を構想しています。作品集的なものとして、『建築家・坂本一成の世界』（LIXIL出版、二〇一六）で表現できなかった建築空間のコスモロジーを大判写真によって示したいと思っています。そのことで、このインタビューで坂牛さんが何度か言及されている「部分と全体」が形成する世界を、表すことができるのではないかと考えています。

（二〇二〇年九月一八日　アトリエ・アンド・アイ 坂本一成研究室にて収録、二〇二二年二月追加収録）

青木淳

非目的性

Jun Aoki

図と地の
無限反転
にひかれます

青木淳さんの事務所は表参道の駅から五分くらいの住宅街の中にある。華やかなファッションタウンではあるが、事務所はそんなきらびやかさとは別世界の静かさを保っている。青木さんの建築が、空間や物の関係性を操作しながら反転の図式を生み出しているのと同じようにまち並みが反転しているかのようである。青木さんの建築や情報の発信はその裏にきめ細かな論理が張り巡らされており、私の研究室では数回学生論文の対象となってきた。そんな論理は時として意表を突く展開を見せる。その理路を辿りながら青木建築の基点に触れてみたい。

磯崎新アトリエ入所まで

——僕はちょうど青木さんが磯崎新アトリエにいらっしゃった頃にバイトをしていたのです。磯崎さんが僕の大学に講師で来てくださっていて、その当時磯崎さんと篠原一男さんは僕にとって偉大なる先生で、事務所にいる人たちは皆さんキラ星のように輝いていると思っていました。磯崎さんから得たものは大きいのではないかと思いますが、その辺りからお話しいただけますか。

青木　僕が磯崎アトリエに入ったのは一九八二年です。当時「つくばセンタービル」（一九八三）の工事が大詰めで現場に行っている人もかなりいたので、事務所の中にはさほど多くの人はいませんでした。磯崎さんはもちろんのこと、周りには恐れ多い人たちがたくさんいて、いつもドキドキでした。

僕は大学で学部のあと、香山壽夫先生の研究室に修士で二年間行って、博士課程にも入ったのです。

一方、修士の二年くらいから設計事務所のように数人で大学の近くに部屋を借りて、一緒に何かやってみようと設計を始めました。**生意気な学生で、人から何も習うことはないと思っていて、どこかの設計事務所で働くイメージはなかったのです。**ですから大学院のときにも磯崎アトリエにアルバイトに行っていましたが、そのときはまったく入れてもらうことを考えていませんでした。仲間とやっている延長線上に自分の設計人生があると思っていたのです。

ところが、当たり前のことだけど、仕事がありません。また、仕事になるかと思って設計を始めてもちっともうまくいかなくて、自信が崩れてきました。それで、それまで習うことなんてないと思っていたけれど、逆に習うことだらけと、「一からやり直します」というくらいの精神的ダメージを受けました。それで香山先生のところに相談に行き、「勉強したいので先生のところに置いてください」と言ったら、「うちは今無理だけど、ほかに行きたいところはないのかな?」と言われて、「磯崎さんのところ……」と言ったら、先生がすぐに磯崎さんに面接してくれるよう、電話で頼んでくださったのです。当時海外の建築家ならジェームズ・スターリング、日本だったら磯崎さんのところと思っていたのは確かで、思いつきではありません。

ともかく、面接に行ったのですが、磯崎さんは「今、事務所に来てもやってもらう仕事はないので、今は採用することはできない。また、いつ採れるかも分からない。だから、待っていてもいいし、待ってなくてもいい」とおっしゃって、そう言われても、「はい、待ちます」としか答えは思いつかず、そう返事をして帰ったわけです。これは断られたのか、本当に待っていればいいのかよく分からない、と思いましたが、ほかに方法もないので、ひと月かふた月か経って、ある日、アトリエから電話がかかってきて「可能なら明日から来てください」と言われて行きました。

「水戸芸術館」完成後に独立

――七年いらして一九九〇年に辞めて独立されたということは、七年目にやることが見つかったのですね。

青木　いえ、そうではなくて……。担当していた「水戸芸術館」（一九九〇）が終わる頃が七年目だったのです。七年間いろいろなことをやらせてもらったけれど、その約半分が「水戸芸術館」。現場にも常駐していました。一九九〇年の正月に少し休みができて、あと数か月経つと竣工となって、ようやくこれも終わるんだと、初めてちょっと余裕ができて、「終わったあと僕はどうなるのだろう」と考えたんですね。何の不満もないし、たぶん辞めろとも言われないだろう。だんだん担当する仕事が大きくなってきたので、恐らく次に担当するのは七年くらいかかる仕事になって、それが終わる頃には四〇歳くらいになるだろう、そうすると、四〇歳で独立するのは厳しそうだなあと思ったのです。今、独立しようという気持ちはゼロだけれど、ここで辞めないと独立できない。どちらを採るべきか……、磯崎さんのところに入ったときも自分にとっては大冒険を選んだのだから、大冒険のほうがいい。そうすると独立するしかないと思って、素直に磯崎さんに宛ててそのように手紙に書きました。

やはり同じ事務所といっても大先生ですから、怖くて自分から話し出せなかったんです。

――すぐに承諾してくださったのですか？

青木　いえ、許可をもらえないわけです。一月になって水戸の現場に磯崎さんがいらっしゃって、一緒に東京まで帰ったのです。常磐線の中で隣同士に座って、「それはそうと……手紙読んだけどさ、気持ちは分かった。ところで、今パリ事務所をつくろうと思うのだけれど、そこに行かないか」と言われました。一応「ちょっと待ってください」と言いながらも、つい、それいいかも！って、気持ちはパリに傾いてしまって、「どんなことをするのですか？」とか聞いたりして。磯崎さんも恐らくこれで大丈夫だと思ったでしょうね。でも家に帰ってから、「駄目だ、行ったら独立はなくなってしまうわけだからまずい」と思い直して。それから一週間くらい経ってお会いして**「やっぱり辞めさせていただきます」と言いました**。

何を考えて設計すればよいか

――それで事務所をつくられて、一九九四年に「H」という住宅をつくられます。ウェブサイトを拝見すると、その前は展覧会への出展があったりいくつか実現していないプロジェクトをされています。僕も独立してすぐはいろいろと考える時間がありましたが、青木さんはそういうときにどんなことを考えておられたのでしょうか。

青木　磯崎アトリエでは、自分がこうしたいという提案を出すことはなく、磯崎さんが何をしたいのかを推し量ってそれを形にしていくことが仕事でした。磯崎さんに僕が描いた図面を直してもらって、「そうか、そういうことだったのか」と訂正していく毎日でした。もちろん、それはそれですごい訓練で、**あるアイデアがあったときそれを形にすることができなければ、建築家にはなれません**。しかも磯崎さんに見てもらうタイミングを逃さないように瞬時にやらなければならない。必死の思いでいつも用意して待ち構えるようにしていたから、設計そのものの技術は上がっていったと思います。けれど、問題は設計のときに何を考えればいいのかが分からない（笑）。考える部分は磯崎さんの仕事でしたから。でももちろん、それが設計においていちばん重要な部分ですから、独立してからとても悩みました。例えば設計の機会があっても、アイデアがふらふらする。その中で、どう決定すればいいかが分からない。案をつくる自信がなくなってしまう。困った、困った、と迷いに迷っているうちに、同じ案に戻ってくる。それでようやく、どうもこれが僕がやりたいアイデアなのかも、そう思うしかない、と気付きました。

――それは感覚的にですか？

青木　そうですね、理性ではないですね。でも、そういうものをベースにしない限り、途中でぐらぐらしてしまうので、ふるいにかけて最後に残ったかけらを唯一の頼りに進めるしかないわけです。

めざして行く場所ではなく自然に行ける場所

――「H」の前年一九九三年に「新潟市民芸術文化会館(以下、新潟)」のコンペをやられていて、それには丸い形がいくつか現れていて、これは青木さんが今おっしゃった何度もやってふるいにかけて出てくる形の一つなのではないでしょうか。僕の教えている修士課程の学生が、青木さんの住宅とスケッチから祖型が五つあると分析しているのです。その祖型の一つがこの円形でくりぬくというもので、それがすでに一九九三年に出てきていると思い、面白いなあと思いました。

青木　「新潟」は、今でもいい案だと思っています。

――コンペを取った長谷川逸子さんの案も円形ですよね。

青木　でも長谷川さんのはヴォリュームとしての楕円で、僕のは、普通なら重要なところが丸い穴で大きく空いていて存在していないヴォイド、という案。しかも全体形が不定形。四角いものをかっこよく円弧で切り抜いていく操作ではなくて、切り抜かれてもうかなりボロボロの状態というくらいに、もとの形が残っていない。そして、それが全体の中で中心にあるだけでなく、大部分を占めている。

そういう建築なんですが、それはつまり、この**建物の主要用途とされている音楽ホールや劇場、能舞台というホール系機能よりも、それらの間にある、それらをつないでいる空間のほうが重要に感じている**ことの表れだと思います。いくつかあるホール空間は端に追いやられている。大きな穴が空い

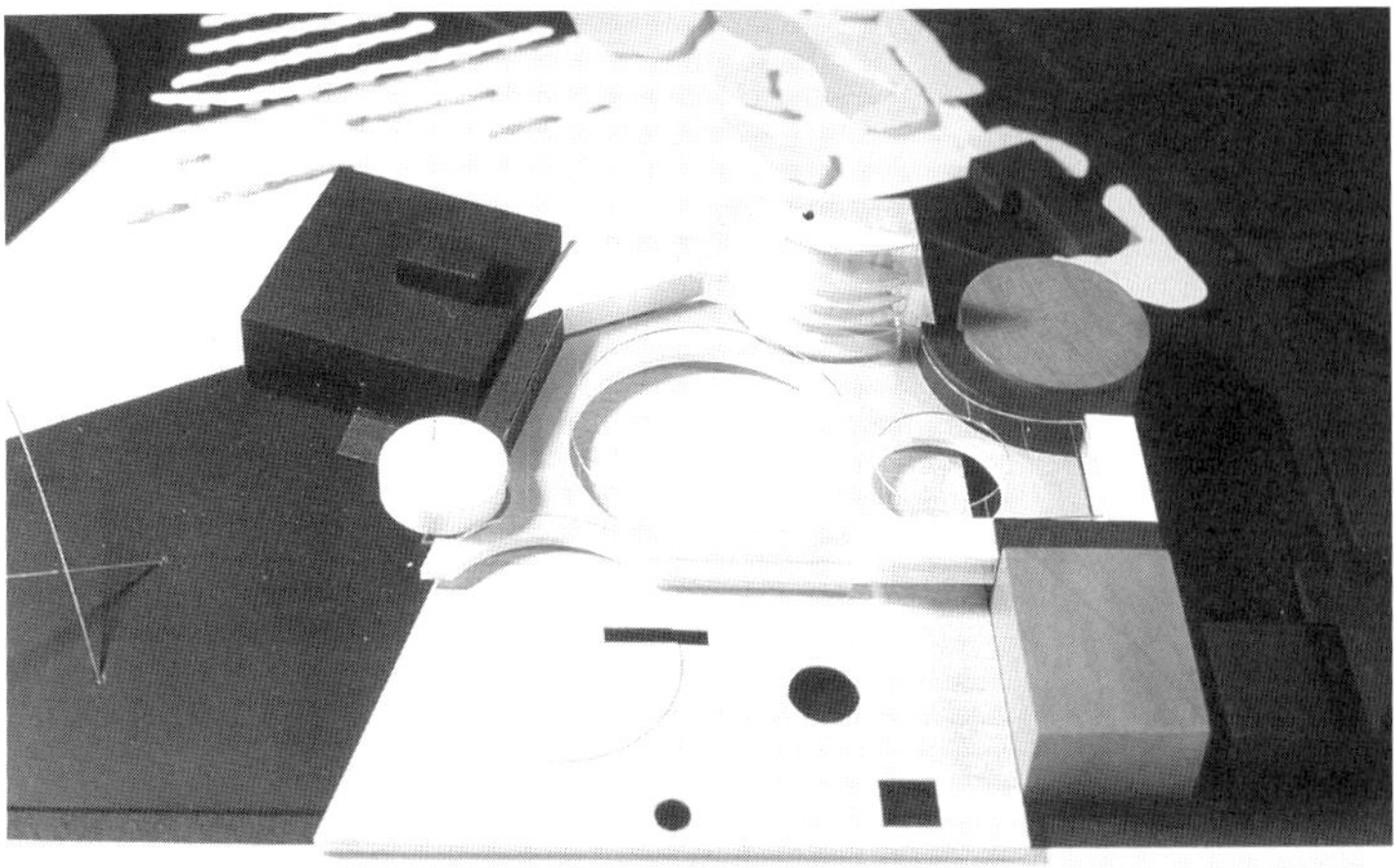

新潟市民芸術文化会館コンペ案（1993）

ている空間は一応、ロビー、ホワイエで、ホールに用がない人でも、そこまではいつでも行けるものとして計画されています。いわゆる温室みたいなところです。冬の寒いときに行くと暖かくて、信濃川や後ろ側の白山神社が眺められるくつろげる場所です。暖かい室内公園をつくるほうがホールをつくることよりもずっと重要だと思ったのですね。寒いときに行ける半戸外的、温室的な広場が街の中心にあって、集まって何かをする場所ではなくて、自分の好きな場所を見つけていられるのがいい。いろいろな場所がある、そんなワンルームはどうやったらつくれるかが、空間の意味でした。

――その半公共性は「十日町市市民交流センター『分じろう』」「十日町市市民活動センター『十じろう』」（二〇一六）までずっと流れているの

でしょうか。形もそうだし、そこで起こる「こと」についても一貫しているのだなと感じます。

青木　同じといえば同じかも、ですね。そこをめざして行くのではなく、そこに自然に行ってしまう場所で何かが起きる、という空間です。

「新潟」のコンペ案は自信作でしたから、落ちてしまってがっかりしました。そのあと住宅の「H」は、そのとき考えたり感じていたことに誘導されて、行き着いた結末のようなもの。それができ上がって、『新建築 住宅特集』（一九九四年五月号）で発表してもらえることになったとき、ようやく何を考えていたのか振り返らざるを得なくなって、ようやく言葉になったのが、「動線体としての生活」というタイトルの文章です。「H」もいわゆる居間や食堂や寝室がなく、「つないでいるもの」でできている。

通るだけでなくそこにいたくなるような橋

――「H」の翌年（一九九五）に、「馬見原橋《まみはら》」をつくられます。磯崎アトリエを辞めて四年ぐらいですが、すでに、のちの「原っぱ」に通じていくような思想が生まれているのだから驚きます。

青木　これも「新潟」とほぼ同じような時期で、考え方はつながっています。どのような橋にするか、橋に佇むのは人の居方として好きだから、橋にバルコニー的なところや居間的な場所を抱えこむことや、そういうものを構造形式とどう合わせるかということなど、いろいろな案を考えました。でもなんだか違和感があって、どれも採用できない。そんなとき、ふと、道を川の上でただスプリットさせて、向こう岸でまたつなげるだけでいいじゃないか、と思いついたときに、あっそうかと腑に落ちたのです。橋はそもそも交通のためにあって、目的地ではなく通っていくためだけのところです。本来的には、それを見るオブジェクトでもありません。でも、**ただ通っていくだけではなく、そこにいたくなってしまう、なんか起きてしまいそうな豊かさを持った交通というようにできないかと思った**のです。

橋はつないでいるものである点で道と同じで、つないでいるものが、ある形を取る。それを事後的ではなく、初源としてつくったらどうか、そしてそれらを「動線体」と呼んでみてはどうか、と思いついたのですね。それは「新潟」でもつながれるべきホールは重要視していなくて、むしろそれをつないでいるホワイエのほうが重要と判断したことと同じだし、住宅をやっていても居間のような目的を持った場所よりもなんだかよく分からない場所のほうが重要で、自分が思っていることがそういうことなのだと、独立して初めて確信めいたものになったんです。**僕の中で「馬見原橋」は、いまだかつてできたものの中でいちばんいいと思っているものなのですが**、いちばんいい建築がほぼ最初だということは、その後、何やっているんだと……（笑）。

円形で植物層の変遷を表す

――その後一九九七年に「遊水館」と「潟博物館」をつくられて、それが日本建築学会賞を取られました。この二つは鮮明に覚えています。その頃はあまり思わなかったのですが、作品を拝見すると、やはり青木さんは丸がお好きなのかなあと思うのです。なぜ青木さんは丸なのでしょうか。

青木　丸が好きだからではないと思うし、少なくともその頃は丸でつくっているという意識はありませんでしたね。丸ばっかりだと気付いたのは、あとのことです。

――その前の「O」（一九九六）という住宅もそうですね。

青木　それは「新潟」で出てきた、円弧でくりぬくというやり方の名残ですね。もっとも「遊水館」と「潟博物館」は、丸を使った理由がはっきりしています。これらの計画は、まず福島潟自然生態園という公園の設計の一部なんです。これは失われつつある潟という、自然生態の豊かな環境を再生保全するというのが、まず前提となっている計画で、その環境の中に、二つの人間の活動拠点が求められたのです。一つは水に親しむ場、もう一つは潟を知る場所ということでした。その話とプールがほしいという市民の要望とがくっついて、片方は「遊水館」に、もう片方は「潟博物館」に形象化したのです。考え方としては、まず建物ではなくて生態園の林みたいなものを育てる、そしてその林の中にどう人の居場所をつくるか、という順番だったんです。潟は湿地帯で、水の浅いところからやっと陸地になるくらいの水の有る無しのぎりぎりの環境で、そこは生物種がとても多く、例えば日本で見られる半数の鳥が見られます。日本の鳥の研究所である山階鳥類研究所の観察小屋が潟のところにあったりします。いわゆる都市公園のような飼いならされたものではなく、生態系そのものをテーマにして、潟そのものをデザインするべきだという結論に達しました。

遊水館 (1997)

潟博物館 (1997)

新潟では水辺に生えてくる木のハンノキが多く見られますが、とても成長の早い木で、身が軟らかいので、虫にどんどん食われて倒れてしまう。それが肥料になってそこから次の植物層の植物が生えてきて、どんどん植物層が変わってきます。それがとても面白いと思って、その植物層の変遷を使いながらどう公園をつくっていくのかを考えました。**木が倒れてなくなる場所はどういう形なのかなあと考えたときに、それは四角ではなくて丸だろう**と思いました。丸い穴が林の中にところどころ空いて、それがつながったり修復されたりしながら変わっていく。林の植物帯に生じる穴は円形だと考えたのですね。

活動が膨らむ螺旋をつくる

――そのあとに奈良の「御杖《みつえ》小学校」(一九九八)ができて、これも丸い建築です。

青木　このプロジェクトは、「潟博物館」への批評として設計された側面があります。「潟博物館」のときに考えていたのは、「馬見原橋」のように、そこでさまざまな思わぬことが起きるには、道のような空間だけでつくればいいのでは、ということでした。実際「馬見原橋」では橋の上で宴会をよくやられていて、後はきれいにして帰るといったような使い方をしてくれているのです。まさに場が、ある行為を誘発して、固定化しないいろいろな使い方をされて、かつ終わったあとは初期状態に自然に戻って、また違った使われ方がされるみたいなことが本当に起きて、とても嬉しかったのです。そういうことが「潟博物館」でも起きないかと、建物全部を「動線体」としての階段やスロープや通路、いわゆる部屋ではないものだけでつくったのですが、残念ながら、思わぬことは何も生まれなかった……。ただ単に楽しくて、だんだん上っていって下るしかない。それはどうしてなのか。動線という言葉が良くなかったと思いました。動線という言葉は、廊下など長細い空間をイメージさせてしまう。でも、そのような空間だと動きは限られますね。**本当は、前後左右上下とあちらこちらに動くきっかけがほしいのです**。空間としての形は、ある特定のものである必要はない。全方向への運動のベクトルがほしいんです。螺旋を描くスロープには、螺旋方向への動きのベクトルがある。「潟博物館」は、そのベクトルだけが前面に出てしまった。でも、螺旋にも、それに直交する方向への運動ベクトルがあるのではないか。「御杖小学校」は、だから、あえて「潟博物館」と同じく螺旋を用いて、その可能性を実証しようとしたんです。

――廊下がぐるっと回っているのですか。

青木　教室などの空間は、太い緩い螺旋でできています。廊下は、その内側の「屋内広場」に沿って上っていくのですが、これは完全な螺旋ではなくて、つながっていない線がいくつも重なって渦巻いている感じになっています。動線をいったん分断・切断して、それを集めたようにつくりました。

丸以外の祖型 二つのものが嚙み合う図式

――先ほど、学生が研究している青木さんの五つの祖型についてお話ししましたが、丸のほかの一つの気になる祖型として「反転」というものがあって、それは形だけの問題ではなくて、考え方としても好まれているという気がしますが、その辺りはいかがでしょうか。

青木 反転というのは、ネガとポジとか、図と地の反転とかいうことですね。これは形と型の問題である以前に、自律性の問題です。**僕には、建築は自律的であってほしいという欲求があるようです。**自律（オートノマス）の対語は一般にサイトスペシフィックですね。これは土地や状況など、外の要因がその建築世界をつくり出すというものです。けれども僕はオートノマスとサイトスペシフィックを大きく対極なものとする分け方そのものがひっかかっています。

例えば「青森県立美術館（以下、青森）」（二〇〇六）を設計したときに、青森という場所だからということはすごく重要でしたが、これは設計者なら誰しもが考える当然のことです。そこの場所につくるのだからこうなっている、こうつくらなくてはということに関しては、建物は極めてサイトスペシフィックな存在だと考えています。しかしその一方で、周りからの論理で全部決まって、内から新しく生まれてきたものはない、というのも納得いかない。つまり、オートノマスかサイトスペシフィックかどちらかというように問題の設定を立ててしまうと、解けないんです。

オートノマスというと、例えばプラトン立体のような単純な幾何学形態が連想されますね。球や立方体など、求心性のある形が思い浮かぶ。しかし、このような形態だけが、自律を可能にしているわけではなく、コンピューターでいえばプロトコルやアルゴリズムのように、生成手続きがもたらす自律もあるわけです。その結果として出てくる形態は、初源的幾何学であるどころか、非常にオーガニックである場合もある。と同時に、プラトン立体はそうした生成手続きのプログラムが生み出す、いくつかのアトラクティブ・ポイント（不動点）であるにすぎない。となれば、自律というのは、形態の問題ではなく、生成プログラムを持っているということであり、どの生成プログラムを選択するかということは、基本的にはそのプログラムの中からは出てこないので、オートノマスであり得ない。

そんな中、唯一あり得るだろう純粋なオートノマスは、その生成論理が入れ子になっているものだけだろうと考えるんですね。外部をとりあえず捨象して、その内部だけで階層を深めるものとして、図と地の無限反転のようなものがあり、それに僕はひかれます。そこから生まれる形象は、例えばメビウスの輪やクラインの壺ですが、その形態ではなく、そこに出来する現象や感覚にひかれます。

「青森」では大きく二つのヴォリュームがあって、一つはでこぼこしている地面で、もう一つがその上から覆い被さる下向きにでこぼこしている立体です。そうすると、それらが噛み合うことで、第三の空間が生まれます。しかし、それを上下の、独立したでこぼこの面が生み出した「隙間」と捉えてしまうのでは、それらの間の主従関係の存在を前提としてしまっているという弊がある。そうではなく、**二つの立体があるからその間があると同時に、「その間」があるから二つの立体がある**、というふうに捉えて初めて、メビウスの輪の表裏の関係のような反転が生まれます。設計では、平面図でそうした反転が至るところに生じるよう心がけたのです。

「原っぱ」と「遊園地」の二面性

――二〇〇四年に『原っぱと遊園地』（王国社）という本を出されて、かなり衝撃的というか、皆がお腹の底で思っているようなことが見事に言葉になっていてその言語力に驚きました。その中で僕が特に面白いと思ったのは、「原っぱは野原ではない」というところで、原っぱというのは土管か何かがあって、それが全然違う使われ方をしたりする。だったらどんどん転用していけばいいのかというとそうではない。そのジレンマが常に呪縛のようにあるということを読んで、すごく共感をしたのです。

青木　先ほどのオートノマスでありながら、サイトスペシフィックでなければならないというのと同じようなことで、二方向に引き裂かれるものがあるわけです。例えばミステリーを読むと、誰が犯人だろうというサスペンスを感じたいということもあれば、そんなことはどうでもよくて、そこでつくられている空気だけが重要だと思う面もある。というように多くのものには二面性があって、この場合は、計画性と自発性みたいなものがそれに相当しています。勝手に何かすることが生まれてくるという、先ほどの「馬見原橋」での創発性みたいなものがいいなあと思いながらも、疲れてくると楽しいところに強引に引っ張ってくれる楽しみのほうが快感だったりする。だからどちらもあって良くて、ある程度レールが敷かれている中で遊ぶのが楽しいと思いながらも、自分で遊びを発見するのも楽しい、でいいんです。それが「原っぱと遊園地」という言葉で言いたかったことです。どちらかが重要ということではないのですが、書いた時点では世の中はどんどん遊園地化しているように見えたので、「少しは原っぱを大事にしたほうがいいんじゃない？」という感じが強かったと思います。そして、その傾向は強まるばかりで、世の中がどんどんと遊園地化しているように思えます。

——その感覚は、その後設計する際のスタートのポイントでとても重要な役割を持っているのでしょうか。

青木　いや、持っていません（笑）。**設計するときは、言葉では考えていません。**つまり、考えていない。感覚で判断しているだけ。そして設計をするのも、その行為の中で、自分のそれ以前の感覚をひっくり返して、違う感覚を持てるようになりたいからなのであって、ある特定の感覚は、特に言葉で一度言えてしまった感覚は、むしろ乗り越えられるべきものです。もちろん、どうも初期値というか、自分に固有な感覚はあるようで、もともとある目的にぴったり合うように、皆を同じ方向に向けさせるような空間は嫌いで、皆がそこで別々のことを感じられる空間のほうが好きなんだとは思います。

バラバラなものをバラバラに感じさせない

——「青森」「杉並区大宮前体育館」（二〇一四）、「三次《みよし》市民ホール　きりり」（二〇一四）について、青木さんがどこかでバラバラになるものをつなぎ止めているんだとおっしゃっていたのですが、その後の「十日

町市市民交流センター『分じろう』「十日町市市民活動センター『十じろう』ではつなぎ止めるのをやめたとおっしゃっていて……。このバラバラになるものをつなぎ止めるというのは具体的にはどういう操作や方法を指しているのでしょうか。

青木　まず全体像を構想して、それをブレイクダウンして細部を設計すると、それぞれの場所や部位に求められることに誠実に応えていくことができません。だから全体像にこだわらずに設計したいわけですが、そうすると全てがバラバラになってしまいます。だから必然的にバラバラなものをどう扱うかが、設計のテーマになります。「切断」と「接続」という問題です。

デコン（デコンストラクション）というものはバラバラなものをバラバラな状態でかっこよく見せるという美学をつくり出せたわけですが、これは卑怯な美学に思えて、好きでない。

「京都市美術館」（通称「京都市京セラ美術館」二〇一九）は、まず過去の八〇何年前の建築があり、そして新しくつくる部分があり、時代が明らかに違う部分が共存する建築になるわけです。過去のデザインを表面的になぞれば、偽物のレプリカが混じるだけだし、かといって現代的なデザインで、コントラストをもって付加するのもあざとい。となると、そのどちらでもない方法が必要になります。

「京都市美術館」の既存本館は、一九三三年竣工の、前田健二郎が設計した建築ですが、そこには先ほど話に出たような、形そのものではなく、それを生み出していく力学のようなものがあります。それを指して、今回の設計で共働した西澤徹夫くんと、「流儀」と呼んでいたのですが、新しい部分もその流儀に従おうとしました。もちろん、**そういう流儀は言語化・マニュアル化できるものではな**

p.192-193 京都市京セラ美術館（京都市美術館）（2019）中央ホール
（設計　青木淳・西澤徹夫設計共同体〈基本設計・監修〉
松村組・昭和設計〈実施設計〉）

く、生身の設計者の生身の感覚で判断するしかないのですけれど。

――つまり新しくつくるところにもそれを残したいということでしょうか。

青木　そうです。同じ流儀でいきたい。昔のデザインそのものを使うというようなことはできないし、しないけれど、もともとの建物が持っていた「らしさ」の根源は適用したいと思うのです。だからできているものは新しいものは新しいし、古いものは古いけれど、うまくいけばあまり違和感なく見える、感じられるのではないかと考えています。

――青木さんが何で青木さんなのかと考えたときに、先ほどの言葉で言えばサイトスペシフィックなことをずっと考えているけれども、オートノマスなものをちゃんと出している。あるいは別の言い方をすれば、今時建築は全て「こと」だぞって言っているのに、ちゃんと「もの」をつくっている。そこの変換作用があるというか……。

青木　あってほしいですね。でも正直、結構言語化しているほうだと思うけれど、言語で建築をつくってはいないし、オートノマスに対しても単純に肯定できず、愛憎相半ばという感じだし、建築は「こと」と聞けば反発し、「もの」だと聞けば反発し、矛盾だらけです。

（二〇二一年一月一九日　ＡＳにて収録）

構成の論理としての「関係性」

前二章では物と間《ま》に関わる建築家の基点を紹介した。そして物にも間にも質料性と形式性があることも指摘した。簡単に言い換えれば物にも間にも質感と形があるということである。物の形式性は文字通りここでは形と言っていい。物の質料性はその肌理、色、透明性である。また間の形式性はその空間の範囲を示す三次元的な形である、直方体とか三角錐とか球などと言い表せる。そして間の質料性とは前章でも説明したような空気の色や透明度である。さて、設計者はそうやって物と間に形と質感をあてがいながら、建築の要素を設計していく。

要素の構成

現代建築においてはこれらの要素には普通それぞれに役割がある。そしてその建物の主たる用途（これをプログラムと呼ぶこともあるだろう）を効率的に実現するために、これらの要素は適正な位置に布置され、物や間の構成をつくるのである。

物や間は質料性や形式性をあてがわれたあとに構成されるのか、構成されてから質料性や形式性があてがわれるのか、その順番は決まっていない。仮に二つの性質を先にあてがうとしてみよう。例えば大きな壁四枚、天井一枚にザラザラな質感を与え一つの間をつくる。同様の素材で半分のサイズの間を四つつくる。これら五つの間を構成することを考えてみよう。その構成の場合の数は無数にあるのだが、設計者はそれらを構成する論理を考えないといけない。それらを横一列に並べるのか、縦に積むのか、あるいはグリッド状に集結させるのか、というようなことについて自らの論理を考えるものである。

関係性

さて、その構成の論理をここでは関係性と呼んでみたい。この関係性は考え出せば無数にあげられるかもしれない。しかし私は拙著『建築の規則』の中で要素の構成の方法として大きく二つのことに注目した。一つは全体を統御するルールについてである。二つめは部分と全体のどちらを先行して考えるかという順序についてである。

二人にとっての関係性

坂本一成さんと青木淳さんの構成論理＝関係性を見てみよう。まずは坂本一成さんである。坂本さんはインタビューでも説明されている通り、部分と全体の関係性を重視している。そして部分が全体の中で極度に浮き出ることを嫌う。それにもかかわらず全体を統御するルールの存在も否定する。普通に考えれば、部分が全体から突出しないように見せるためには全体を一律に見せる秩序が必要なはずである。しかしその秩序（ルール）の存在を否定するというのは矛盾である。坂本さんの建築は常にその矛盾ぎりぎりのところを表現しようとしている。その意味では坂本さんは、若い頃影響を受けたロバート・ヴェンチューリの最も重要な建築概念であり、著書のタイトルでもあるcontradiction＝矛盾を受け継いだ建築家なのであろう。

　青木淳さんの場合はどうだろうか。青木さんの関係性を鮮明にするために、関係性はその建物の主たる用途を効率的に実現するために配置するという既述の前提を思い出しておこう。すると、それに対して青木さんはどうもその前提には従わないように見える。そうではなく、むしろその主たる用途とは異なる何かを（も）大事にする。主たる用途をその建物の目的とするなら、そうではない非目的となる何かを前景化しようとする。つまり青木さんにおける構成論理＝関係性は非目的性とでも呼べるようなもので、言い換えれば、全体を統御するルールを持たない。加えて非目的的な部分を先行して肥大化、全体化させる論理なのである。

第4章

世界

Externality

山本理顕

Riken Yamamoto

社会性

このインタビューでは、いつもお会いする建築家のさまざまな資料を読み込むのだが、山本さんの場合著書や事務所のウェブサイト以外に学長を務める大学での講義ビデオを聴講した。一一回にわたる講義の大半はコロナ禍のため自邸「GAZEBO」から行われていた。内容は主としてハンナ・アレントの思想の読み込みであり書斎の背景にはアレントの書籍がずらりと並び、インタビューでも登場するアレントとの出会いは山本さんの運命を決定的にしたのだなと強く感じるものである。

共同体内共同体の思想が表れた住宅

――私が山本さんの作品を最初に見に行ったのは「藤井邸」（一九八二）です。まだ大学三年生の私には、山本さんの「藤井邸」はかなりの衝撃だったと覚えています。それはなぜか、簡単に言うと部屋がバラバラになっていた……。

山本　それもガラス張りだし。

――安藤忠雄さんの「住吉の長屋」（一九七六）はすでにできていて、外に出ないと前か後ろに行けないことは知っていましたが、「藤井邸」は建物が三つあってバラバラで、傘をささないと隣の部屋に行けないという状態を目の当たりにしました。当時これはいったい何なのかあまりよく分かっていなかったのです。

その一〇年後くらい、山本さんの著作『住居論』（住まいの図書館出版局、一九九三）の「はじめに」の中に「共同体内共同体」という言葉が出てきます。その中にある、「住居という空間装置は、その二つの共同体、家族という共同体とその上位の共同体が出合う場面を制御するための空間装置である」という極めて短い文章が、その当時の山本さんがつくられていたものをひと言で言い表しているように感じました。それはその後山本さんがつくられた作品で私が勝手に第一期と呼んでいる「GAZEBO」（一九八六）、「ROTUNDA」（一九八七）、「HAMLET」（一九八八）という一連の作品や、「熊本県営保田窪第一団地（以下、保田窪団地）」（一九九一）、「岡山の住宅」（一九九二）などに表れています。よくよく見てみると「岡山の住宅」は「藤井邸」の一〇年後なのですが、プランはほぼ同じではないかと思うのです。そこに「共同体内共同体」の思想が連綿と流れているように感じ、この短文は恐るべきものだと思いました。初期の山本理顕さんを決定付けているこの思想についてお話しいただけますか。

山本 その短文について指摘していただいたのは初めてですね。植田実《まこと》さんが編集長をされていた住まいの図書館出版局から一九九三年に出た『住居論』が、「共同体内共同体」という言葉を使った最初だったと記憶しています。僕が修士論文で「住居論」を書いたあとに原広司研究室の集落調査に参加して、そこで体験したことが大きかったと思います。住宅を一つ取り出そうとしても、その集落全体との関係で取り出さなければ、その一つだけで他の住宅と比較することはできないことに気がつきました。そのときに文化人類学の本を見ていくうちに、「閾《しきい》」という概念を思いつきました。住宅という建築が外側との関係があって初めて成り立っているとしたら、その外側との関係をつくるための特別な部屋が準備されているはずだ。「客間」とか「座敷」とか呼ばれる場所がそうした場所なのではないか。そう考えて、外と関わるためのその特別な場所を「閾」と名付けたのです。その「閾」という言葉は「共同体内共同体」という発想があったから思いついた概念だったと思います。

——よく出てくる山本さんのひょうたん型ダイアグラムでは、各個人の部屋を通って居間に行くというものですが、それはある意味で「保田窪団地」にも使われています。この図式は極めてラディカルで、共同体と共同体の接点が玄関ではなくなり、個室全てが社会に対峙する。これは今でも覚えていますが、すごいと思ったのです。いったいここにどうやって行きついたのでしょうか。

山本　**ひょうたん型ダイアグラムは修士論文のときに描いたものなのです。**

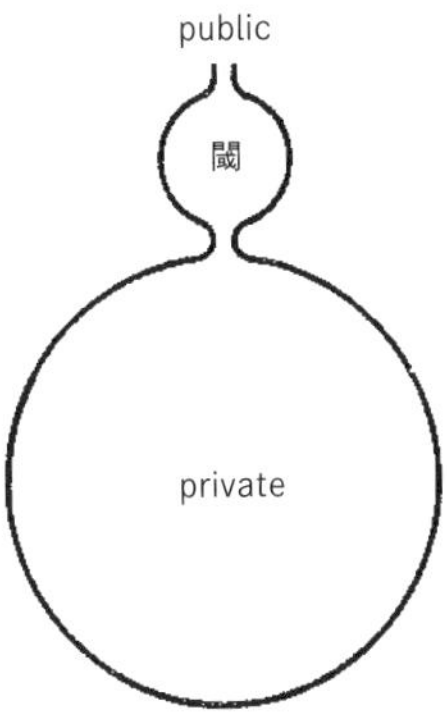

ひょうたん型ダイアグラム

——修士論文が「保田窪団地」になったわけですね。

山本　結局そういうことばかりやっているということですね（笑）。

当時、黒沢隆さんの「個室群住居」という考え方にかなり影響を受けました。住宅という建築は外側から与えられる制度や慣習、あるいはその制度や慣習がつくられてきた歴史的経緯からは自由になることはできないと考えられていましたから、黒沢さんが住宅のプランを工夫することで逆に家族という関係をつくっている**制度それ自体を変えていくことができるんだという考え方がとても新鮮だったのです**。家族という関係があらかじめあって、それに従って住宅をつくるという、当時建築家たちが考えていた考え方とはまったく違っていたわけですからね。

そこで黒沢さんが考えついたプランが個室群住居だったのですが、僕は一方でそれも何か変だと思ったのです。

個室群住居で黒沢さんがイメージしていたのは各個人の家族からの自由だったのですが、個室群住居それ自体が、それもまだ家族の内側の話でしかないのではないか。その外側との関係がどうなっているのか分かりにくい。多くの住宅が個室群住居のようになったとしたら、そのとき社会はどのように変化しているのか、その変化した社会がイメージされるべきだと思ったのです。当時何か変だと感じたのは、そうしたことだったのだと思います。

僕のほうはその後、住宅とその外側との関係が興味の中心になっていきました。つまり一つの住宅のその外側との関係を表した図式がひょうたん型のダイアグラムだったのです。

学科を独立させない二つの大学

——一九九九年に私は「埼玉県立大学」の一般向けへの内覧会にうかがいましたが、この建物は山本さんの作品の中で突如巨大化します。たぶん最初につくられた何万平方メートルの建物ではないのかと思います。そしてその次の年に「公立はこだて未来大学（以下、はこだて未来大学）」（二〇〇〇）をつくられます。これら二つの大学には二つの見どころがあって、一つは大々的なプレキャストコンクリート（以下、PC）の使用。「埼玉県立大学」を見に行ったときにはそれほど建築の知識があったわけではなく、のちに改めてPCであることを聞き驚きました。そして二つ目はやはり共同体内共同体論がベースにあるということを、これも事後的にですが感じました。学科を独立して配置せず、学科がいろいろなもの、いろいろな社会とつながっているようにつくられている。それは見に行ったときにも説明がありました。前につくられていた住宅での思想がここにつながってきていることと、なぜあえて大々的にPCを使おうとしたのかを教えていただけますか。

山本　「埼玉県立大学」も「はこだて未来大学」も**学科を独立させないことが共通しています**。「埼玉県立大学」は看護福祉系の大学ですが、開校当時は、看護学科、福祉学科、理学療法／作業療法学科、リハビリテーション学科の四つの学科で構成されていました。国家試験に応じて学科が分かれているのです。最初に看護福祉系大学を見学したときに、それぞれの学科で独立した授業が行われているので、他の学科の先生はそれ以外の学科の内容についてほとんど知らなくて、一緒に回ってもらったときに、同じ学校にいるにもかかわらず、「知らなかった。ここはこうなっていたのか」とおっしゃったのです。これは変なことが起きていると思ったのが、全体をネットワーク化しようとした大きな理由です。できるだけ一階部分に研究室や実習室を集めて、学科を超えてネットワークが組める

公立はこだて未来大学（2000）（設計　山本理顕設計工場・アジア航測設計共同企業体〈基本設計〉山本理顕設計工場〈実施設計〉）

ようなつくり方をめざしました。

「はこだて未来大学」も同様の考え方で、これは情報アーキテクチャ学科と複雑系知能学科という二つの学科しかない大学です。もともと数学者の廣中平祐さんに私淑している人たちが集まってつくることになった非常にユニークな大学であり、私たちとしても若い研究者たちと一緒に話しながらつくることができました。コンペで選ばれたときは、若い研究者たちが審査員の中にいらして、そういう人たちの声があって私たちの案が選ばれたのだと思います。

情報アーキテクチャと複雑系という、今まで聞いたことのない学問でしたので、どういう空間にしていいのか分からなかったのです。複雑系の学問というのは、さまざまなディシプリンに分かれている日本の学科のような考え方ではなくて、経済学にも気象学にも、あるいは医療にも生物学にも、株価の動きのような統計学にも汎用できるような非常に幅の広い、当時、最先端の思考方法の一つという位置付けだと考えました。また情報アーキテクチャは情報を視覚化して表現していく学科だと自分で解釈しました。**そこでわれわれは学科の仕切りがなくて、先生と学生たちとの関係も今までとは違うような提案をした**ところ、若い研究者たちが強い興味を持ってくれて非常に高く評価してくれました。たまたま聞いたこともないような学科だったので、一から考えるチャンスだったのかもしれません。

――PCについてはいかがでしょうか。

山本　「埼玉県立大学」はPCの柱・梁構造です。柱は見付が二三〇ミリ、奥行が六三〇ミリです。

そのうち三〇ミリは被覆ですから実際の構造体は二〇〇×六〇〇ミリ。もともとは七七〇〇ミリのスパンに対して六〇〇ミリ角の柱で支えていこうとしていました。でも六〇〇ミリだと柱があまりにも太いので、三等分して二〇〇ミリでもいいかと構造計画プラス・ワンの金田勝徳さんに相談したところ、鉛直荷重だけ受けるのだとしたらそれでもできる、断面の合計が同じならいいと言われたのです。でも二〇〇ミリのコンクリートは現場打ちではとてもできないので、金田さんにPCだったらできると言われて、それからPCの勉強をし始めました。つまり六〇〇ミリの柱を三等分するという、かなり乱暴な思いつきが発端です。

グリッドシステムでつくられた巨大ハウジング

——私の中で山本さんの第一期が住宅、第二期が大学、そして第三期は「東雲キャナルコート一街区（以下、東雲）」（二〇〇三）、「北京建外SOHO」（二〇〇四）、「パンギョ・ハウジング（以下、パンギョ）」（二〇一〇）という巨大ハウジングにいくわけです。山本さんはちゃんと学習して次に進むので、この巨大ハウジングもグリッドシステムはそのまま継承していきつつ、また共同体内共同体論は海外に行っても使われています。それは「閾」という言葉に結実するというか、ハウジングコンプレックスの玄関側を開け、水回りはここということを海外でもやられたことにすごく驚きました。日本でやっている信念を貫き通すことは並大抵のことではないと感じます。そのあたりの戦いというか、「閾」の思想についても話を聞かせてください。

山本　海外と日本の差についてはあまり考えたことはありませんね。集落調査に行ったのもみんな海外ですからね。そこで考えた「閾」という概念は、ある種の普遍性を持っていると思っています。日本でも今和次郎の本を読むと、座敷と茶の間の作法の違いについてきちんと書かれています。座敷というのは、共同体内共同体つまり大きな共同体の中の小さな共同体である家族が、大きな共同体と接触をする場所ということなのです。もちろんそうは書いていませんが。それは私が最初の『住居論』を書くときに非常に参考になりました。

海外の集落でも同じことが起きていて、どんな集落のどんな住宅でも集落の外から来る人を迎える閾的な場所があります。インドに行こうがイスラム圏に行こうが、ヨーロッパの住宅を見ても表現はそれぞれ違いますが基本は全く同じです。ですから海外でも、同じ構造を提案することはあまり躊躇せずにできますし、日本であろうとヨーロッパであろうと分かってもらえます。**そもそも住むということは共同体的に住むということ**なのです。

――それは世界普遍なのでしょうか。

山本　そう思います。一軒だけ孤立しているような住宅は一つもないので、そういう意味では集落の構造は普遍的なのだと思います。

201

――「東雲」も「北京建外SOHO」も「パンギョ」もですが、徹底した共同体内共同体の考え方で、簡単に言うと廊下に開く住宅みたいなものの原型がつくられていた一方で、外観は徹底したグリッドです。実現しなかった「邑楽町《おうらまち》役場庁舎案」（二〇〇五）でもグリッドシステムが使われています。これには迷いはないのでしょうか。

山本 そうですね。グリッドにこだわるというよりも、こういう巨大な施設は基本的にはPCでつくったほうが、生産システムとしては良いような気がします。住宅は繰り返しなので、このような大きな住宅群の場合には、PCを使ってグリッド的な柱・梁構造にしています。

地域のシンボルとなるような建築とは

――その後、山本さんの作品のビルディングタイプは多岐にわたり、「横須賀美術館」（二〇〇七）、そして残念ながら実現しなかった「小田原城下町ホール」。そして「福生市庁舎」（二〇〇八）など、それから「ザ・サークル・チューリヒ国際空港」（二〇二二）があります。新しいビルディングタイプに取り組まれるのに、今までの共同体内共同体とは違う新たな考えを示しているようにも見え、それまでのステレオタイプの建築の考え方を山本さんが切り崩していっているような気がします。その切り崩し方や考え方を聞かせていただけますか。

山本 美術館や市庁舎などはその地域の地域共同体のシンボルとなるような建築を求められます。そういうときにシンボルとはどのようにできていくのかということを、「横須賀美術館」「福生市庁舎」両方とも、かなり考えました。

「横須賀美術館」は最初はずっとグリッドプランで考えていたのですが、どうしてもうまくいかなくて、ある種のシンボル性のようなものはグリッドプランと相性の悪いときがあるのだと思いました。だからもともと考えていたグリッドプランから周りを回遊するようなプランになっていって、正面にレストランが来るようにしました。鉄板で一度囲って、その上をまたガラスで囲うというつくり方をしていったところ、非常に自由にデザインできるようになったのです。

集合住宅の場合は地域のシンボルとしてつくるというよりももっと即物的であり、家族のための機能的な住まいであるという思想がＣＩＡＭ以降ずっと建築家を支配していますよね。家族にとって最も快適なものをつくるべきであって、そういうシンボル性とはまったく違うものになるべきであるという。だから**「横須賀美術館」「福生市庁舎」の場合はそういう集合住宅とはまた違う自由さみたいなものがあって、コンペの途中から気持ちが自由だった**感じがしました。

ハンナ・アレントの思想に共鳴

――山本さんは二〇一五年に『権力の空間／空間の権力　個人と国家の〈あいだ〉を設計せよ』（講談社選書メチエ）（以下、『権力の空間／空間の権力』）を出版されています。この本は山本さんが今までおっしゃっていた「共同体内共同体」という思想と、はるか昔の修士論文の思想がハンナ・アレントと合体した本のような気がします。発行された当時も読みましたが、今回のインタビューに際して改めて読み直しました。そして山本さんの名古屋造形大学の一一回にわたるオンライン特別講座も拝聴しました。驚いたのが、山本さんがアレントの著作『人間の条件』(一九五八)を開いたら、アンダーラインだらけで、しかもご自宅の棚にアレントの本が並んでいて、全体主義、ナチのデザイン、マルティン・ハイデッガーも含めて、それらを美大生に講義している。すごいことだと思います。『人間の条件』の英語の原文がこの本に載っていて、注目すべきは、「ノー・マンズ・ランド(no man's land)」の訳が間違っているということでした。

山本 そう、「無人地帯」と訳されているのです。

──そうではなくて「誰のものでもない場所」なのだと山本さんは訳されていて、そう解釈すると確かに読めるということが分かり、古代ギリシャのポリスが出てきて「閾」が出てくる。一九九三年に「共同体内共同体」で考えていたことと同じ思想を、二〇年以上経ってアレントの中に見つけ出して、それが共鳴している。こんなことが起こるのですね。

山本 起こるんですよ、本当に。僕もアレントの本を読んで、こんなにも空間のことを考えている人なんだと分かって驚いたのです。もともとハイデッガーは「世界内存在」という、空間と人間の存在様式との関係に対して非常に敏感な考え方をもった哲学者であり、アレントはその弟子ですからね。

哲学者が空間を興味を持ってよく見ているということが、アレントの本を読んでよく分かりました。

彼女が『人間の条件』を書いたのはアメリカに行ってからで、ルイス・マンフォードの影響も非常に受けていて、マンフォードの本からの引用がいくつもあります。僕が建築の歴史を勉強したときに読んだ、こうした本が出てくることはそれだけでもかなりの衝撃でした。アレントという人はただ者ではない、建築のことを本当によく分かっている人だと思ったのです。それで横浜国大の教授になった頃、もう一度アレントを読み始めて、学生たちにブログのような形でアレント解説の講義をしていました。そうしたら発見がいろいろあったのですね。その後たまたま岩波書店の『思想』の編集長である互盛央《たがいもりお》さんと会う機会があって『思想』で連載をしましょうと言ってくれたのです。そこから一気に書きました。

――ということは、これは『思想』の連載をまとめたものなのでしょうか。

山本　そうです。五回の連載でした。互さんが講談社に移ってしまったので、これをまとめた『権力の空間／空間の権力』は講談社から出すことになりました。連載に際してもう一回アレントを読み直したり、今まで考えていたことを全部振り返るのにはとてもいいチャンスだったと思っています。

そのときに、先ほど坂牛さんがおっしゃったように、「ノー・マンズ・ランド」についての発見があったのです。最初に読んだときにはどうしても意味が分かりませんでした。ポリスのことを書いているはずなのに「家と家との間に無人地帯があった」というのは何なのだろうと思って、**『人間の条件』**

の原書をもう一回ちゃんと読んでみたら、和訳が違っていたのです。

——さらにもう一つ、この『権力の空間／空間の権力』はとても示唆に富んでいるし、建築家が書いた本とは思えない思想的な厚みがあると思います。その中で山本さんが発見した「マテリアライゼーション（materialization）」という言葉がありますが、これはアレントの言葉ですよね。山本さんが「物化」と訳されています。

山本　それは『人間の条件』を訳された志水速雄氏の訳語です。「モノ化」と読むのか「ブツ化」と読むのかよく分かりません。アレントは物象化（reification）というマルクスの言葉を最初は考えていたようですが、そうではなくてそれを「物化」（materialization）という言葉に変えて、思想がマテリアライズ（materialize）されるとき、自動的にそうなるのではなくて、**マテリアライズする人の思想がそこには当然ある。彼女はそれがいかに重要か**ということを書いています。それは工作物をつくる人、つまり工作人（ものづくり）の思想がいかに重要かという意味なのですが、そういうことを書いているのですね。「物化」が建築家にとっていかに重要か、私たちは体験的によく分かっていることなのですが、アレントは建築家でもないのに「ノー・マンズ・ランド」にしても「物化」（materialization）にしても、よくそこまで分かるものだと感心したのです。

——『権力の空間／空間の権力』の中では「〝物化〟という概念」という節があって、「思想は〝物化〟されるこ

The Public and the Private Realm

impenetrable to human knowledge.[61] It is hidden because man does not know where he comes from when he is born and where he goes when he dies.

Not the interior of this realm, which remains hidden and of no public significance, but its exterior appearance is important for the city as well, and it appears in the realm of the city through the boundaries between one household and the other. The law originally was identified with this boundary line,[62] which in ancient times was still actually a space, a kind of no man's land[63] between the private and the public, sheltering and protecting both realms while, at the same time, separating them from each other. The law of the *polis*, to be sure, transcended this ancient understanding from which, however, it retained its original spatial significance. The law of the city-state was neither the content of political action (the idea that political activity is primarily legislating, though Roman in origin, is essentially modern and found its greatest expession in Kant's political philosophy) nor was it a catalogue of prohibitions, resting, as all modern laws still do, upon the Thou Shalt Nots of the Decalogue. It was quite literally a

61. It seems as though the Eleusinian Mysteries provided for a common and quasi-public experience of this whole realm, which, because of its very nature and even though it was common to all, needed to be hidden, kept secret from the public realm: Everybody could participate in them, but nobody was permitted to talk about them. The mysteries concerned the unspeakable, and experiences beyond speech were non-political and perhaps antipolitical by definition (see Karl Kerenyi, *Die Geburt der Helena* [1943–45], pp. 48 ff.). That they concerned the secret of birth and death seems proved by a fragment of Pindar: *oide men biou teleutan, oiden de diosdoton archan* (frag. 137*a*), where the initiated is said to know "the end of life and the Zeus-given beginning."

62. The Greek word for law, *nomos*, derives from *nemein*, which means to distribute, to possess (what has been distributed), and to dwell. The combination of law and hedge in the word *nomos* is quite manifest in a fragment of Heraclitus: *machesthai chrē ton dēmon hyper tou nomou hokōsper teicheos* ("the people should fight for the law as for a wall"). The Roman word for law, *lex*, has an entirely different meaning; it indicates a formal relationship between people rather than the wall that separates them from others. But the boundary and its god, Terminus, who separated the *agrum publicum a privato* (Livius) was more highly revered than the corresponding *theoi horoi* in Greece.

63. Coulanges reports an ancient Greek law according to which two buildings never were permitted to touch (*op. cit.*, p. 63).

[63]

マーカーが引かれた『構造人類学』と『人間の条件』

とによって共有される」と書かれています。質問ですが、ポストモダンの頃かと思いますが、社会構築主義、あるいは社会構成主義という考え方があって、建築でも何でも概念は社会がつくり上げていくものだという時期がありました。一方で昨今は、社会構築主義はもはや不評で、物に対する考え方は、それぞれ定義され存在しているはずであって、社会がつくり上げるなんて嘘っぱちだという考え方が出てきています。山本さんがアレントを引きながら

「物化」と言うときに、建築は社会によってつくられるのではなくて、建築が社会をつくるのだ、だから何かをつくることによって、そこで思想がつくられる、あるいは共有されると書いているように感じるわけですが、どうなのでしょう。

山本　おっしゃる通りです。

――でも私たち世代からすると、社会が建築をつくると思っているところがあるのです。

山本　多くの建築家もそう思っているのではないでしょうか。それと建築をつくらせる側、つまり行政側（発注者）がそう思っている。「社会が建築をつくる、われわれが社会だ」と行政側は言うわけです。だから建築家たちはそうして公共を独占する行政の思想に従わなければならない。でも、**それは行政側が言っている公共性であり、そこは非常に大きな誤解がある**と思います。公共性を担っているのは建築家という職能なのです。建築家として自分の主体性がどこにあるかと考えるときに、**いちばんの敵はそこ**なのです。社会というものを、いかにも行政が担っているように振る舞っている。多くの哲学者や社会学者もそこに気がつかないというところがあって、日本の社会全体をそのような雰囲気が支配していますよね。

――そう思います。少し変わりつつあるようにも思いますが。

山本　僕は今つくられている建築を見ていると、変わるどころかもっとその傾向が強くなっているように感じます。
建築家の活躍する場面がますます小さくなっていて、行政の指導に基づいて建築をつくっている。そういう力は社会構築主義と非常に近い思想だと思います。

――そうですね。でも最近の哲学者マルクス・ガブリエルなど新実在論の人たちは、社会構築主義は駄目だ、正しいことはちゃんとあってそれに向かってきちんとものをつくらなければならないし、考えなくてはならないと言い始めています。そういうことを考えている人が建築家の中にいないだろうかと考えたところ、それが山本さんだと私は思いました。そして私はその考えを支持します。

山本　ありがとうございます。坂牛さんのような人は非常に少数派だと思います。

――いえ、これから増えるのではないでしょうか。

日常生活を意識した教育が必要

――山本さんは二〇一八年に名古屋造形大学の学長になられました。大学のウェブサイトには自ら「恥ずかしがることはない、あなたは芸術家です。そのためにはあなたは自分の作品をきちんと人に見せ、説得させないといけない」という内容のメッセージをお書きになっています。それと関係するかどうか分かりませんが、山本さんがアレントを引いて、「レイバー」「ワーク」「アクション」という三つの言葉を解説されていて、「レイバー」は労働であり生殖でもある。子どもを産むという意味もあるわけです。「ワーク」は仕事であって、制作、国際性。「アクション」は政治だと。だから建築をつくるということは簡単に言えば、その上で政《まつりごと》に介入していく権力を持つものなのだとおっしゃっていると理解しました。それがまさに「空間の権力」ということなのでしょうか。それは建築だけではなく美術、制作ということに対しての教育に対する山本さんの大きなメッセージであると感じました。いかがでしょうか。

山本　教育という場面が今非常にピンチだと思っています。昨今教育する先生たちが非常に不自由になっていって、自分の思想を学生に直接的に伝えていいのだろうか、自分の思想を相対化した上で伝えなければならないのではないだろうかと注意深くなりながら学生に接しているような気がするのです。そういうことが最近ますます教える側にプレッシャーとしてあるような気がします。

――私にもあります。

山本　それは文科省からのプレッシャーでもあるし、社会構築主義的な社会がプレッシャーを与えて、そうさせているともいえます。特に美術大学で自由に物をつくれないのだとしたら、非常に大きな問題だと思います。そういう危惧がますます大学全体を覆っているように感じるのです。

多くの大学で教員が自分の思想をダイレクトに伝えることができにくくなっています。それは大学の側にも責任があって、まさに通常の日常生活から切り離されたところで授業が行われているような気がします。建築なんて、日常に生活する人に向かってつくるはずなのに、大学によっては何か建築理論という日常生活から独立したようなものがあるかのようです。日常生活とは離れたところで教育が行われていることは大きな問題だと感じます。美術もそうなのです。今先生たちと、実際に物を商品としてつくる大学にしていきたいと僕は話しています。この間、良品計画の金井政明さんにも授業に来ていただいたのですが、無印良品は実際に教育的に商品をつくり、売っています。その作戦が非常にうまい。ものづくりが本来やるべきことをやっているという感じがしますし、商品の品質をデザイナー自ら保証するというような売り方をしています。そのように大学で物をつくってそれを販売する。プロモーションまで全部関わって体験していくことがなかったら、学生も本当にものを教わったことにならないような気がするのです。

建築だけではなく他の学科でもそうですが、学生たちが参加する教育の場面が必要です。一つの理論をつくり上げたところで、それが実際に生活をしている人たちのところで、実際にどういう形で役立つのかというところまで話をしていかないと大学は信頼されないような気がしています。いま大学の側にそういう力がなくなっているように感じますね。

現在校舎の設計を進めていますが、校舎中央に巨大屋根で覆われた広場があります。そこに「お見世」と呼んでいる学生や先生たちが自分たちの作品を展示販売する小さなパビリオンをつくりました。それがいくつも並ぶ市場のような大学をめざしたいと思います。

（二〇二〇年七月一四日　Zoomにて収録）

古澤大輔

Daisuke Furusawa

転用

古澤大輔さんの建築は奥が深い、よーく見ないと汲み取れない思索の網の目が潜んでいる。それは彼の初期の建物に現れていた両義的性格、それが展開した転用という方法が見る者に表面と裏の双方の読み込みを要求してくるからである。彼の自邸はその極みのような建物であるが、その建物をつくるにあたって彼は「転用」というテーマを博士論文にまとめている。一つの建物の思索がそれだけのまとまりに発展することはあまり聞いたことがない。その意味で彼は最もコンセプチャルな現代建築家の一人といえると思う。

大学院修了後そのまま事務所を立ち上げる

――古澤さんのウェブサイトがとても充実していて、それを二日かけて読み込んだのですが、作品数の多さに驚きました。二〇〇二年に最初の事務所メジロスタジオをつくったのですね。

古澤　二〇〇二年三月に大学院を修了した半年後の九月に事務所登録をしました。僕の経歴は分かりづらいかもしれません。どこかのアトリエで修業したわけでもありませんし。

――二〇〇四年に最初の建物をつくられていて、基本的に今の事務所リライト・Dに変わる二〇一三年あたりまでは圧倒的に改築やインテリアが多いと感じました。ウェブサイトには事務所のコンセプト・設計のスタンスがだいぶ長く述べられていて、単純に建築の設計だけではなく、もう少し広く、企画から運営までを視野に入れながら設計したいという姿勢がうかがえます。まずはメジロスタジオを始めた頃の設計スタンスや考え方を教えてください。

古澤　僕は東京都立大学の小泉雅生先生の研究室の出身で、当時助手が西田司さんでした。大学院一年生までは藤木隆男先生の研究室だったのですが、先生が突然芝浦工業大学に行かれたので、翌年に小泉さんと西田さんが着任され、一年間お世話になりました。大学院修了後の進路をどうするか相談したら、お二人共学生時代から自分の事務所をやっていらして、**「古澤も当然そうだろう」と半ば強制的に即独立するよう言われました**（笑）。そこで、当時仲が良かった日本大学の馬場兼伸くんと黒川泰孝くんを誘って三人で事務所をやろうと僕から声を掛けました。そうはいっても実務経験がないものですから、いろいろな実施設計図書をトレースしたり、自分なりに猛勉強しました。幸運なことに僕の親戚が家を建てることになり、猛アピールして設計をさせてもらえることになったのです。

さまざまな作品を研究して実務を習得

――それが「高松町ガレージ」（二〇〇四）ですね。誰でも最初につくる建物にはかなりの思い入れがあり、それが割と自分の原風景になっているのではないかと僕は思っています。ウェブサイトのこの作品の解説文には、あまり開けないけれど開きたいというようなことが書かれていて、拝見するとまさにそのようにできていると感じました。

古澤　「高松町ガレージ」は、おっしゃるように閉鎖的であり開放的である中庸な状態をめざしました。中と外というものがありながら、内壁と外壁を等価につくる、つまり内部と外部のディテールをいかに一致させるかが僕の中でのテーマでした。開口部周りには苦労しましたね。竣工後少し雨漏りもしましたけれど……(苦笑)。メジロスタジオ設立時には、今考えれば特にこれといったマニフェストがあったわけではなく、とにかく実務を覚えながら、感覚的に作品をつくっていました。でも幸運なことに仕事は続いたのです。

――「成瀬が丘の集合住宅」(二〇〇六)は、今から一五年くらい前の作品とは思えないような、すごく洗練されたデザインです。最初の「高松町ガレージ」でも感じましたが、どこにも勤めていないのにディテールが上手だと感心しました。不思議ですよね。どうしてでしょうか。

古澤　じつはいろいろな建築のディテール集をひたすらトレースしてほぼ暗記するくらいフリーハンドで練習するなど、かなり泥臭いことをしています。当時北山恒さんの開口部納まりが好きだったので、北山さんの建築の所在地を調べて実際に見に行き、見付見込寸法を定規で測ったり、オープンハウスに行くと仕上げ表などを全部コピーしましたし、チリをどれくらいに設定しているか、特にシール幅はとても気になっていたので全部測って記録していました。

制約の中でそれ以上のものをつくる

——古澤さんの建築には、常に一貫して両義性みたいなものを感じますが、最初の作品の「高松町ガレージ」でもすでに開く閉じるという両義性があります。

古澤　確かに両義性に関しては一貫していると思います。でも「高松町ガレージ」の頃はあまり思想的ではなく、リテラルな両義性でした。今までの作品を通して、興味としての両義性は一貫しているのかもしれませんが、両義的状態のつくり方は共通していないと思います。

転機が来たのは事務所を立ち上げてから五年くらい経った二〇〇八年、ここからメジロスタジオ後と自分の中で位置付けています。もう少し哲学的に両義性を考えたいと思い、「カムフラージュ・アイデンティティ」という語義矛盾のマニフェストをつくりました。匿名的だけれどアイデンティファイされているといった両義的な建築のつくり方をしていきたいと思ったわけです。**この両義性へのアプローチの仕方はのちに「カムフラージュ」から「転用」という概念に移っていきます。**振り返れば転用のトライアルは三つあって、それぞれ「間取りの転用」「躯体の転用」「主体の転用」と位置付けることができます。

——「転用」と言うのですからリノベーションが念頭にあるのですね。

古澤　そうですね。ただリノベーションといってもリテラルに改修するわけではありません。慣習的

高松町ガレージ（2004）

立野の住宅（2009）

な「間取り」や既存の「躯体」、あるいは自分以外の「主体」といった、所与の対象を受け入れて、高次に転化させるようなイメージです。自分の「外側にある対象」を取り込むといったら良いでしょうか。例えば、「間取りの転用」としては「立野の住宅」(二〇〇九)が例として分かりやすいと思いますが、地元の不動産屋から確認申請の代行をしてほしいという仕事が来たのです。「〇〇邸のプランがあるので加工して図面にしてほしい、すでにプランは決まっているので大きな変更はできないけれど、君たちはデザイナーだから多少色付けしていいよ」とFAXが送られてくるわけです。プランはごく普通の建売住宅のようなものなのですが、あえてそれを受け入れて、「テラスがないので付けましょう」だとか、「LDKに関してはキッチンを分けましょう」だとか、「付加していくと面積が増えるので全体的に縮小しましょう」と誘導しながらプランを構築していく。そうするとでき上がった建物は、アノニマスでありつつもアノニマスではない。何か「一般的ならざるもの」と表現したくなるような、**自分たちが考えていた以上のところに連れて行ってくれる、そんな爽快感があって面白くなってきたのです。**

――既存の建物があるのではなくて、既存のプランをどうやって活かすかという転用だったのですね。

古澤　そうです。こういったことを考えるきっかけとなったのが、少し前の事例になりますが「井の頭の住宅」(二〇〇六)です。これは実際のリノベーションですが、クライアントがPowerPointとExcelで改修後の図面を描いてきて、「これをつくってほしい」と言うのです。僕らはそれを否定せず、受け入れざるを得ないのですが、でも、それで自分たちが主体的にプランニングするのではないプランニング、非計画的な計画の面白さに目覚めたのです。

形態と機能の間に「ずれ」をつくる

――二〇一一年に新築の作品「瀬田の住宅」をつくられて、中を見ると、やたらと梁が見えて独立柱はないけれど、梁の上に木造がかかっているような複雑な構造がありますが、それは極めて視覚的な問題かもしれません。この作品に限りませんが新築においても出てくる柱梁が、リノベーションで得られたある種の造形作法をそのまま移行しているように僕には見えます。

古澤 なるほど、面白いですね。それもあるかもしれません。それは形態の根拠性のようなものを疑っているというか、形態の根拠に対して、あえて「ずれ」をつくりたいという気持ちがあるからかもしれません。

――「ずれ」というのは何なのでしょう。

古澤 端的に言うと形態と機能の関係だと思います。形態が何によって存続できるのかといったときに、その存続根拠が事後的に発見されるような、そういう柔軟な根拠を見つけたいと思っているのです。何でこの形態になっているのかがダイレクトに伝わるのではなくて、何のためにその形態があるのかが事後的にいつか分かるというか、そんな曖昧な状態がいいなあと思っています。

強い構造体を消してしまう白いフレーム

――「コミュニティステーション東小金井」(二〇一四)はリライト・Dになってからの作品でしょうか。

古澤　そうです。二〇一四年の発表ですから、リライト・Dの初期です。計画自体はメジロスタジオの終盤から始まっていて、「主体の転用」がテーマの一つになっています。そもそもメジロスタジオをリライト・Dに改編した理由は、プロジェクトの企画や竣工後の運営に介入することを意図した設計主体の拡張です。ですのでこの建物では、テナントリーシングやイベント運営など、設計・監理の前後の段階にまで関わっています。

――言ってみればガード下建築だけれども、中央線高架下の強い柱・梁の中に店舗部分がインフィルしていてその強さがが一んと見えてくる。たまたまここを見つけて面白いなあと思って調べたら古澤さんの設計だったのです。

古澤　これは、高架というどうしようもない強い構造躯体に対して、**ものすごく弱いものが結果的に勝ってしまう逆説的な状態をつくりたかったのです**。ですからこのファサードの白いフレームはとても弱いのですが、恐らく訪れる人には、高架下の構造躯体よりもこちらのほうが強烈に印象に残るはずです。記憶から構造躯体が消えていくような強さがあると思います。

——僕はそうだったのですが、恐らく構造が中央線の高架だという記号になって消えていくのでしょう。これが建築だともっと強さがあるような気がしますが、土木だと思った瞬間に不思議なもので消えるのかもしれません。白いフレームが連続的に流れていくのがとても印象に残っていますが、それは意図しているのでしょうか。

古澤　リニアに延長していく鉄道インフラという形態に呼応するように考えました。またこのプロジェクトは商業施設なので、重要なのはコスト的に採算が合うかどうかです。打ち合わせではテナント本体の内部空間が最重要項目であり、外構計画は最後に回され、言ってみれば合意形成が比較的容易なのが外構です。それを逆手にとって、フレーム部分は門扉のようなものと位置付けて確認申請が不要な外構とし、合意形成を円滑化させました。事業者的にはどうでもよいものが施設の印象を決定付けるという逆説的な状況ですね。

三つの転用の統合を試みた産婦人科

——次に「下高井戸の産婦人科」(二〇一九)についてうかがいます。柱が内側に入っていて梁が出ています。構造フレームを意識的に前景化していますね。

古澤　そうですね。このプロジェクトは、メジロスタジオの後期からリライトの前期にかけてやっていた三つの転用「間取りの転用」「躯体の転用」「主体の転用」の統合を試みたといえるかもしれません。

つまり自分の手の内の外側にある間取り、躯体、主体の取り込みです。
まず主体の観点から言うと、これは既存の医院の建て替え計画なのですが、計画の前段階で施設のウェブメディアの構築から始めています。ここでお産をした先輩ママたちにヒアリングを行い、地域の中での命の循環というものを意識しました。言うなれば産婦人科という施設を地域の母校として位置付けようとしていました。こうして、設計者という立場を超えた役割として、このプロジェクトに介入していきました。

――「間取りの転用」はどこに反映されているのですか。

古澤　これは完全に合目的な平面プランです。設計資料集成に載っているような優等生的な平面プランを直接的に参照していて、そのことを指します。だからプランそれ自体には思想はなくて、それを取り込むこと自体が重要なのです。
病院の平面計画は、オフィスや集合住宅などに比べてかなり自由度が低いですよね。それに対してまったく合っていないような四五〇〇ミリという構造グリッドを設定していて、この平面計画にとって外側にある躯体を取り込みました。別の言い方をすれば、躯体は、敷地正面にある小学校のRCラーメンフレームの転用といえます。**二つの建物が同時に存在しているような状態といっても良いかもしれません。だから病室に柱がどーんと出たりしています。**でも柱に投影スクリーンを付けて産後のワークショップをやったり、柱で視線が遮られたりして良い距離感が生まれているのです。

――構造が構造的になっているというより、むしろ壁が純ラーメン構造からフリーになっていることによって非常に自由なプランが実現しています。

古澤　壁とフレームにずれをつくることで、いろいろな発見を生み出しています。エントランスを入った人から二階の入院患者さんたちは、柱梁によって視界がなんとなく遮られるわけで、そういう意味でもこの柱と梁は非常に重要です。疾患を持った通院患者さんは、出産後の入院患者さんを見たくないと思うこともあるようで、最初は病院側から見通しの良い吹き抜けなどはつくらないでほしいと言われたのです。けれどこういうふうに自然にコンクリートで遮断しているので、スタッフや利用者の方に満足していただいているようで良かったです。

あともう一つここでこだわったのは天井です。病院の天井は結構いろいろな設備が煩雑に現れているのです。ですからここでは十字形の設備スペースをつくり機器類をここに内包しました。スリーブゾーンを梁の真ん中に設けられるので、合理的な上に、極めて強い正方形のフレームに負けない強度のある設備天井をつくりました。

――フレームとインフィルの緊張感をつくっているのですね。

古澤　そうですね。なので十字形の設備天井と正方形フレームが拮抗して、構造と設備の強弱が一義的に定まらない両義的な状態をめざしました。

七年をかけて「転用」を試みた自邸

――それでは、最後に「古澤邸」(二〇一八)についてうかがいます。この建物は二〇一一年のSDレビューの案「バルコニービル」を一つの既存の建物と見立てて、そこからリノベーションをしてでき上がるというストーリーになっています。そのストーリーの論理化が古澤さんの博士論文ですが、簡単に博士論文とこの建物を説明していただけますか。

古澤　僕の博士論文は「再生建築における〈転用〉の建築論的分析及び実践的検証」という題目です。**この転用とは、形態と機能が一義的に結びつかないまま、事後的にその関係が立ち現れるようなプロセスのことを指しています。**かつて集合住宅へと転用された状態のアルルの円形闘技場などをイメージすると分かりやすいかと思います。眼前にある形態の根拠性が後退し、別の根拠にすり替わった想定外な状態の豊かさを、新築の建築にも実装させることがこの論の意図です。ここで、概念上の既存建物に設定したのが、「バルコニービル」として発表した当初案です。この案は、素敵なバルコニーをつくりたいというすごく単純な動機でスタートしています。スタディ初期は敷地や隣家にバルコニーだけをたくさんコラージュしたドローイングをつくっていました。

――そのときは自邸としても考えていたのですよね。

古澤　自宅だけではなく自分のアトリエも入れて、シェアハウスやシェアオフィスとしても運用できるように考えていました。けれどもその後、自分を取り巻く環境にいろいろな変化がありました。つまり「想定外」の状況になったわけです。そのとき「バルコニービル」という当初案がとても固いものに僕には思えました。セキュリティラインを中に引き込んで、いろいろな偶発的な出会いが生まれたらいいなと思っていたにもかかわらず、非常に中心性が強く、結局この「バルコニービル」は想定内の条件に対応するものにとどまってしまっているように思えた。**だから自己がつくったこの案を他者化し、転用することによって想定外を受け入れる寛容性に近接したいと思ったのです。**

――「古澤邸」は既存建物(「バルコニービル」)よりもっと構造が露出している視覚的に骨状態になっていますが、そこに移行していくときの転用の方法論を聞かせていただけますか。

古澤　転用とはひと言で言うと想定内と想定外を反転させて止揚することですので、まずは相対し拮抗する両義項の設定が必要です。「古澤邸」では、「バルコニービル」の意思を尊重しながら、「中心性の強さを保ちながら弱くする」「内部と外部を二分しつつ二分しない」「十分に開かれると同時に囲われている」「躯体と仕上げを明快に分離させつつ分離させない」といった両義的な問いを複数立てた上でそれらを調停することを試みました。その結果、円形シリンダーの中心性は不変のまま図形が解体され、十字形に開かれたラーメンフレーム、躯体の内と外に幾重にも張られた乾式壁など、数々の転用操作が導かれていきました。

バルコニービル(2011)

——「バルコニービル」は真ん中の丸いコアだけでもっているのでしょうか。

古澤　袖壁も構造に入っていますが、基本的には丸いコアだけです。完全なるスケルトン・インフィルで、非構造壁は全部、DIYでつくれる煉瓦で構成していました。メーカーと一緒に開発して、モックアップもつくったのです。そのように「既存建物」では躯体と仕上げが完全に二分され、内部と外部も明確に二分されていますが**「古澤邸」では明快に分離させつつも分離させていない。**

——なるほど。もともと持っているものを否定するのではなくてキープしながら弱めるということなのですね。「バルコニービル」の壁構造からドミノシステムに移行します。ドミノを参照することはモダニズムを転用するという意識があるのですか。

古澤　あるかもしれません。モダニズムは端的に言えば、建築に明瞭さを求めた運動でした。ドミノシステムは柱・梁によるラーメン構造ですので、壁構造よりも明瞭性がありますね。一方でRC造という構造形式自体が不明瞭さを内包しているという矛盾があります。接合部が連続一体になっているわけで、木造や鉄骨造のように接合部を基点とした幾何学的な力の流れがRCには期待できないのです。けれどもその不明瞭的な明瞭というRCラーメンフレームの両義的な矛盾性に僕はひかれたのだと思います。

——ラーメンという既存の方式を使ってはいますが、さまざまな部分で転用の思想というのか、まだゴールではないのでしょうが古澤さんが博士論文でまとめ上げた思想の結実が、論理だけではなく建築から伝わってくるところがこの「古澤邸」のすごいところです。ストレートにいかないで、一回踏みとどまってそれを押し殺すようなところが全ての部分にあることが、表現の強さになっていると感じました。

古澤　転用とは迂回して転化するという意味だと捉えています。リノベーションやコンバージョンではなくてダイバージョンであって、遠回りするという意味を含んでいます。直接的に問題を解決しようと応答するのではなく、いったん迂回することの豊かさです。建築の設計ってどうしても即座に反応して問題解決型になりがちだと思うのですが、問題の事後的な解決が誘導される状態が面白いと思っています。僕は恐らく思考の対象を分裂させたいのでしょう。

モダニズムの悪いところは「今、ここ、私」という三つの対象を固定化したことです。つまり時間と空間と人間を特権化させてしまったので、それを解放したいのです。モダニズムを参照しながらも、今という時間、ここという空間、私という主体、それらをもっと分離させ分裂させることでどういう形態が立ち現れるのか。それは建築をつくる上で皆が考えなければならないことだと思いますが、皆問題解決型の思考になっていませんか？　建築形態の根拠性なんて結局は分からないものだし、設計している自分だって分からないのに。それをあたかも正当さがあるかのように解説してしまうのは建築に対して不誠実だと思います。だから端的に言うと、僕の建築は分かりにくいのだと思うんですよね。でも、**分かりやすい世界に反発したいですね。**

（二〇二〇年四月一五日　Zoomにて収録）

田根剛

未来の記憶

Tsuyoshi Tane

田根さんの建築を日本に印象付けたのは新国立競技場のコンペ案である。それは日本の古墳をイメージした緑の丘で、およそ競技場のイメージとはかけ離れたものだった。彼のデビュー作であるエストニアの美術館の斜めに延びる地平線同様、場所の持つ歴史の力を感じさせる。彼は敷地の、あるいはその地域の、はたまたその国の文化的、地形的、物的な記憶を徹底して掘り起こす。その手口は考古学者さながらである。そしてその末に見つけた微かな可能性の端緒を丁寧に取り出して磨き出し、そしてそれを未来に向けて投射するのである。その方法論を彼は自ら「未来の記憶」と呼んでいる。一見不可解なこの言葉にはそんな意味が込められている。

サッカーと建築

――最初に、僕は東京理科大で教えていますが、学生に「明日、田根さんにインタビューをするのだけれど、何を聞いてほしい」と聞いたら、最初に言われたのは「田根さんのサッカーのポジションはどこだったんですか」ということでした。

田根　そっちの話ですか……(笑)。ポジションはボランチでした。**攻撃的なミッドフィルダーはずっとやっていましたが、ボランチが長かったです。**

――小学校から高校卒業時までサッカーをやっていたことが、田根さんの建築の考え方やスタッフの教育の仕方、自分の鍛え方などに影響があるのではないかと思うのですが、いかがでしょうか。というのは、じつは僕自身もサッカーを中高とずっとやっていて、割とそういうところがあるからなのです。

田根　今こうやって仕事をしていて、建築家の仕事は動きながら考えることに慣れていないとできないと実感しています。じっくり考えてスケッチを描く以上に、お施主さんとの打ち合わせは多いし、一方で現場やメーカーの工場に行ったり、常にほかの動きを頭の中でシミュレーションして時間や空間をある程度想定しながら考えることは、サッカーの動きにつながるので、サッカーのキャリアが長くて良かったなと思います。

――戦略的に動くことに共通点があるのですね。そういう人が動く先を読むとか、何をどこへ置くと何が動くみたいなことと、田根さんのインタビューの本(『田根 剛 アーキオロジーからアーキテクチャーへ』(TOTO出版、二〇一八))で知りましたが、大学二年生のときに三年の課題を全部やってしまったというようながむしゃらな進み方は、とても体育会的な感じがして、それもサッカーの影響なのかなと思ったのです。そんな学生はあまり見たことがありません。

田根　集中するとのめり込むのは、たぶんスポーツをやっていたからかもしれませんね。また、個人的な問題も大きいと思いますが、チャンスがあるのなら飛び込んでみたいとなるのです。大学二年のときも設計が面白くて授業のコマを見ていたら三年生の設計課題があって、ちょうどうまく合いそうなので取れるかどうか先生に相談したら、面白いんじゃないかと入れてもらえたのです。普通は、今二年生だから、三年生だからと考えるところですが、受け入れてもらえるなら頑張ろうとなりました。

――それもすごく象徴的に田根さんの、行動というか、生き方を示している気がしますが、なぜ田根さんに日本のみんながそれだけ興味を持つのか。それはまったく僕の推測なのですが、決断が速くて確実に実行に移すという田根さんの生き方は、同世代の人には稀有だからなのかもしれません。

五年間に四つの大学で学ぶ

――田根さんが北海道の大学からいきなり外国に行かれたことにもすごく驚きましたが、デイヴィッド・アジャイやヘニング・ラーセンの事務所でも仕事をしているし、そういうことをパッとやってしまう、それはどう判断されているのでしょうか。自分で決めたのですか、それとも薦められて行ったのですか。

田根　人から言われたことはあまりないですね。大学二年のとき、設計課題が早く終わってしまったので、初めて日本を出てヨーロッパ旅行をしたのです。一か月間、スペイン、イタリア、フランスで建築を見て回りました。それまで日本でしか暮らしていませんでしたから、日本の建築や街しか見ていなかったのが、初めて全然違う国の人たちや文化、歴史に触れて、特に歴史的で重厚な石造りの建築が並ぶ空間や街路を歩いてとてもショックを受けました。単純に世界の違いに驚いて、そこから、なんとなく海外に対しての関心が芽生えたのだと思います。大きな、まだ全然知らない、まったく違う世界があるのがとても印象的で、帰ってきてからもっと建築が好きになりました。たまたま大学の交換留学制度ができたときで、海外に行けるチャンスがあることを知り、手を挙げたら選んでもらえたのです。

北海道の大学に行ったのも、建築についてほとんど分かっていなかったのに、東京で暮らしていたから大自然の中で暮らしてみたいという単純な衝動がきっかけでした。それで行ってみたら、本当にたまたまいろいろなタイミングや出会いがつながり……。振り返ると、結果的に好機がつながったといったらいいのか、海外で長く暮らしているので言葉にならない苦労もありますが、こうして頑張れているのは、さまざまなステップがちゃんとつながったからという感じがします。

――留学はどこに行かれたのでしょうか。

田根　僕は五年間で四つの大学に行っています。当時いた北海道東海大学にはまだ建築の留学先がなくて、最初はスウェーデンのホーデーコー（HDK）というインテリアや家具などのデザインを学ぶ大学に留学しました。そこで椅子などをデザインするのが面白かったのですが、すぐ横に建築学科のある大きなチャルマース工科大があることを知り、見に行くと大変興味深く、勝手に留学先を変えてしまったのです。直接行って「通いたい」と言ったら、国際的なプログラムという交換留学生が来るマスタークラスのコースがあるということで席をもらえて、二つ目の大学として通いました。そしていったん北海道の大学を卒業しに帰国したあとは、四つ目となるデンマーク王立アカデミーに行きました。

同時期に開催された二つのプロジェクト

――二〇一八年に同じコンセプトで同時に開催した二つの展覧会「Archaeology of the Future―未来の記憶」についてお聞きします。二つの展覧会の一つはTOTOギャラリー・間で行われ、タイトルは「未来の記憶 Archaeology of the Future―Search & Research」。もう一つは東京オペラシティアートギャラリーで行われ、タイトルは「未来の記憶 Archaeology of the Future―Digging & Building」。というように、二つの展覧会はほぼ同時に行われ、サブタイトルだけが異なるものであり、会場には外観の模型と、Archaeologyとして発掘したもの、つまりコンセプトのきっかけみたいなものが延々と置いてあるという印象でした。そして二つの展覧会ではそのスケールがちょっと違っています。両方を見ると、とにかく"Archaeology of the Future"を頭に焼きつけられた状態になるわけです。建築はコンセプト以外にもいろいろな側面がありますが、それを全部切り捨てて、徹底してコンセプトを見せていました。そのコンセプトの意味をもう少し教えてください。

田根　今回、"Archaeology of the Future"という言葉を日本語にしたときに「未来の記憶」と、少し意訳しました。考古学では発掘して物が出てきて、「これは何だろうか」って、やっぱり物から始まります。いつの時代のものなのか、その土地でつくられたものなのか、または、ほかの土地から持ってこられたものなのかとか最初は絶対に分からないはずですが、そういう想像は物から始まって、それを研究したり比較したりするうちにその物の意味が分かってくる。調べていかなければ分からないということを想像してもらうために、今回、言葉による建築の解説は最低限に控えています。ただ、文字がなさすぎるとまずいと思ったので、ひと言程度入れました。

――オペラシティの展示では、例えばimpactという大項目の言葉があり、その周りにそれに関連する写真が数百枚貼られているのですが、それがまたサブタイトル、crashとかvoidとかfragmentという中項目、小項目の言葉で緩やかに分類されているわけです。これらのキーワードは、単純に機能を表しているわけでもなければ、そういう現象があったわけでもなく、その物から触発されて受け取ったイメージを書いているのでしょうか。

田根　そうですね。キーワードの意味だけに集まってくるイメージだったり、僕は、言葉とイメージにギャップがあるほうが面白いと思っています。ある物をどうやって見るかによって、見えてくる言葉と物のイメージが変わりますから。例えば何かを紙と言った瞬間に紙に見えてくるというような感じでしょうか。そこで、さまざまなイメージを集め、基礎トレーニングのように僕らはいつも訓練しています。

――"Archaeology of the Future"を「未来の記憶」という日本語にされたとき、意訳されたと言っていましたが、何で「考古学」を「記憶」にしているのでしょうか。

田根　「考古学」とすると、若干小難しさが出てきたり、学術的な意味が含まれてしまいます。英語

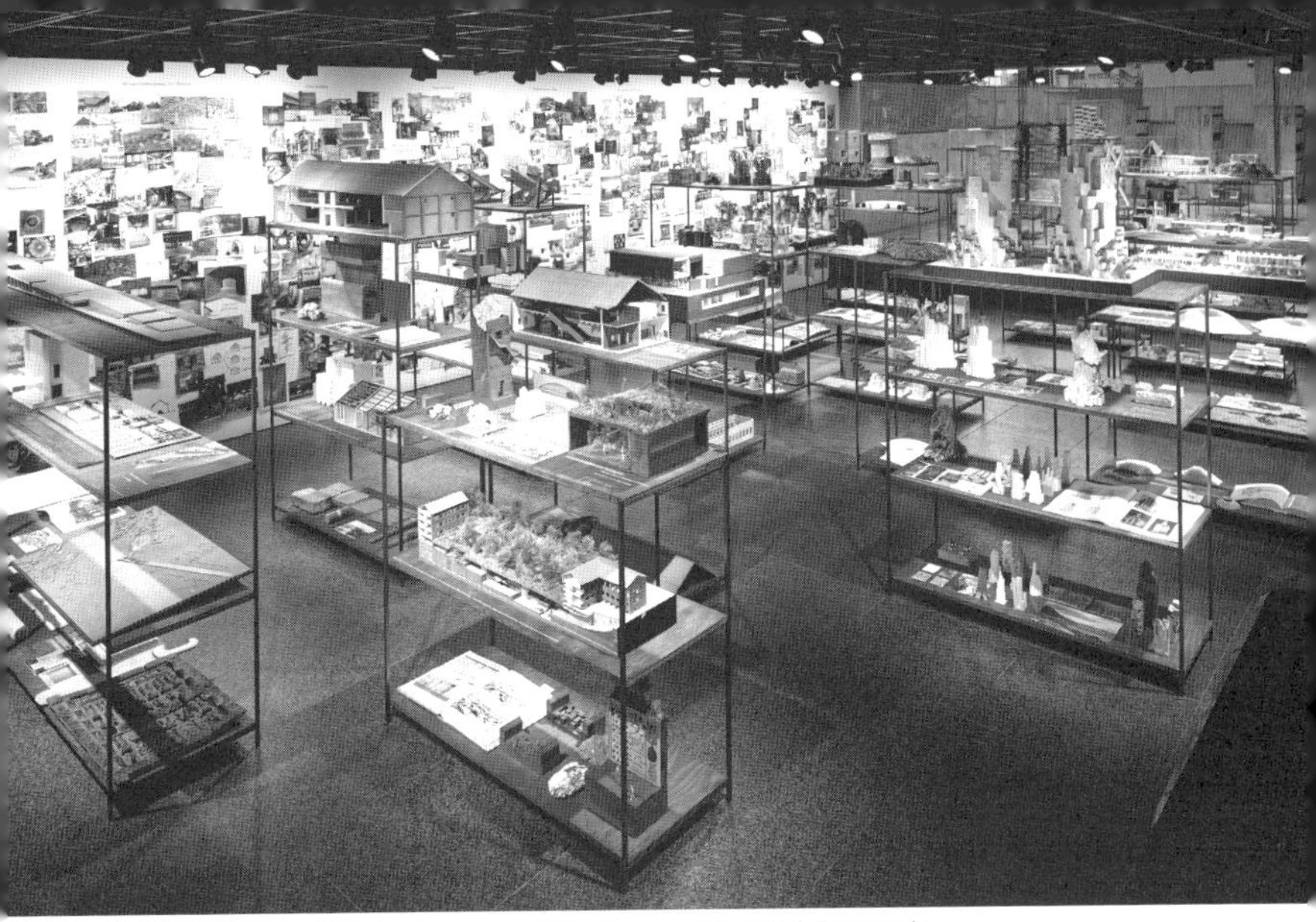

田根 剛｜未来の記憶 Archaeology of the Future—Search & Research
(2018.10.18～12.23　TOTOギャラリー・間)

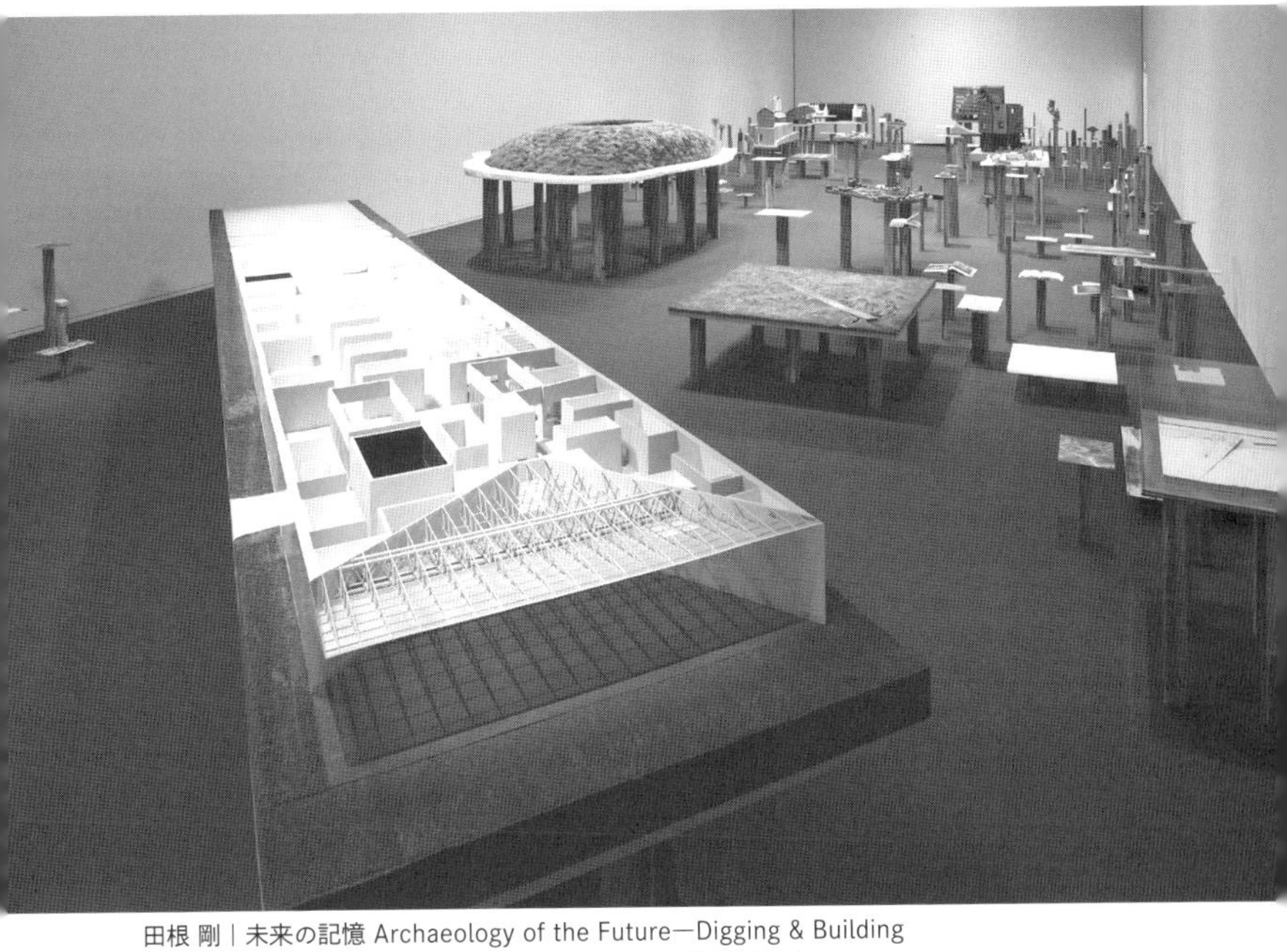

田根 剛｜未来の記憶 Archaeology of the Future—Digging & Building
(2018.10.19～12.24　東京オペラシティアートギャラリー)

で"Archaeology"というと、「遺跡」と「考古学」の両方の意味を示しますが、日本語で「未来の遺跡」も「未来の考古学」にするのも、ちょっと違うと思ったのです。

――そこに込められた意味、意図を教えてください。

田根 先に言葉として"Archaeology of the Future"がありました。以前はプロジェクトを手掛けていく中で、新しいデザインや新しい考え、新しいコンセプトという、何か新しいものを求めて建築をつくっていこうと思っていたのですが、エストニア国立博物館(二〇一六)のコンペに勝ってから、もしかしたら何か全然違う可能性があるのだろうかと二、三年かけて模索していたときに、「場所の記憶」という言葉が出てきたのです。新しさではない何か、少し具体的に何を建築にしようとするのかを考えたときに、**場所の記憶から建築が生まれる、そこに建築の強さがあるのではないかと考えました。**それからそのことに向き合っていこうとプロジェクトを進めていく中で、新国立競技場のコンペも例外ではありませんでした。

ただ、エストニア国立博物館ができ上がった瞬間に、その考えがガラッと変わりました。ミュージアムを使う人や、その街、大きくいえば、エストニアの国の未来自体が変わり始めて、建築はやはり未来をつくるのだということをすごくリアルに感じたのです。本当に人や街が元気になっていったり、世界中から多くの人々が訪れたり、国としても一〇〇周年の記念式典を、首都ではなくてわざわざ第二の都市のタルトゥのナショナルミュージアムで大統領が取り仕切り、多くの方々がそこに集

新国立競技場案　古墳スタジアム（東京）（2012）

エストニア国立博物館（2016）（設計 Dorell. Ghotmeh. Tane / Architects）

い……。建築が生まれたことによって、人々に自分たちのために「ここ」を使いたいという気持ちが芽生え、それを見てここから未来が生まれていることを実感したときに、考え方が変わりました。それまであまり「未来」という言葉を使っていなかったのですが、**建築はやはり未来に向かう原動力になり得るのだと**。初めて「未来」と「記憶」が一つにつながっていき、これが建築の意味ではないかと実感したのです。"Architecture" と "Archaeology" は一つになるのではないかと。

――僕が数年前に翻訳した、ロンドン大学バートレット校の先生だったエイドリアン・フォーティーという人が書いた*Words and Buildings*（『言葉と建築』鹿島出版会、二〇〇五）という、モダニズムの建築のボキャブラリーを説明する書籍には、モダニズムを説明する、空間（space）や形（form）、構造（structure）などの言葉と一緒に、モダニズムが否定した言葉、記憶（memory）が入っています。記憶とは、イギリス経験主義の哲学において非常に重要な概念で、経験イコール記憶の蓄積のようなことがあります。人間はそもそもある能力を持っていて自律しているという思考がそのままモダニズムのバックボーンになっていて、建築は自律して何からも関係なくあるという。それに対して、他律的な記憶みたいなものが建築をつくっていく側面が出てきたという説明をしています。

それで、田根さんの建築を見たときに、他律的な建築なのかと少し思っていたのですが、展覧会開催時の講演で「関係性で建築をつくっているのですか」という質問をされた方がいて、それに対して田根さんは「違う」と言ったし、作品集（『TSUYOSHI TANE Archaeology of the Future』（TOTO

出版、二〇一八〕）の最初にも違うとあります。つまり田根さんの建築は、ある種の他律性というか、Archaeologyというようなものを標榜しつつ、そこからポンと飛んで、未来に向けて発射されたある種のロケットみたいな非常に自律的な側面も持っていると僕は感じているのです。その辺は意識されているのでしょうか。

田根 自分がいろいろな旅を重ねてきて、本当にシンプルに感動した建築には、それが何百年を経たものであろうと最近つくられたものであろうと、人の心を動かしたり、人生を変えたりする力があると思っています。**もちろん何かと関係性を持って成り立つことも大事だけれども、**その建築が持っている力、またはそれをつくった人たちの力、それを考えた人の力、使っている人たちの思いが一体になって建築が成り立っていると思うと、**建築はやはり建築であるべきだと感じます。**

——アーキテクチャー・イズ・アーキテクチャーということですね。

田根 僕らは近代建築という、一つの大きな時代のあとにいます。けれどもモダニズムというのは、何か自律した、宗教や社会やいろいろな権力から切り離された建築があるべき未来のヴィジョンがあったけれども、時代や環境が新しいものによって埋め尽くされたときに、その先に、新規性による価値観だけではもう未来が見えなくなってきたというのが、僕らのリアリティとしてありました。また は、新しかったものが、時間が経つとどんどん古びていくような建築のスタイルも、やはり違和感があります。純白さや潔白さが時間が更新され環境を許容できなかったり、またはうまく使えない、機能破綻していくことをなんとなく見ていて、近代建築のマニフェストのヴィジョンが崩れかけている。そこで失ったものについて僕らは真剣に考えなければいけない時代が来ていると思います。そういうときに記憶というものが強い力を持っているのではないかと……。また、今特に日本では、建築が記憶を持っていないから、近代建築の素晴らしい名作がどんどん壊されてしまうのを止められない。それはどうしてなのかと向き合わなければならない時代に生きているのだと思います。

膨大なリサーチからコンセプトが生まれる

――田根事務所には私の研究室出身の学生が働いていましたが、ヨーロッパの多くの国の人が働いているので公用語は英語と聞いています。異文化の人々と具体的にどのように仕事を進めているのでしょうか。

田根　どこの事務所でもあまり変わらないとは思いますが、スタッフと僕との関係もアイデアを出すのは自由に、フラットに彼らと勝負したいと思っています。もちろん彼らが出してくるものよりもっと面白いものを出さなければという状況はつくりますが……。ただし、コンセプトは僕から提案しますし、何か考えていく上で「こうしたい、ああしたい」というのはかなり強く伝えます。特にインターナショナルなスタッフなので、バックグラウンドや言語が違うと出てくるアイデアも違います。チームワークを築き上げる面でもサッカーをやっていて良かったと思っています。こちらがパスをしたときに、違う動きが起きたり変化があるというのは、やっぱりいいチームワークでインターナショナルな感覚でできている面白みです。同時に、強い意思がないと曖昧な言葉やボンヤリしたことを言っても伝わらないのです。

――プロジェクトの最初には、ピンナップされていたような集めたものを見ながら、「じゃあ、こういう方向でいこうね」と決めるのですか。

田根　いろいろなものを集めて、言葉のキーワードやそれにまつわる膨大なリサーチをしたりして、それについて一五〇字くらいでみんな文章を書きます。例えば器の起源みたいなものを調べるときに、それがどの時代なのかを調べて、圧縮したストーリーにして、みんなでプレゼンをします。関係ないものもいっぱいありますが、バーッと情報を出して、みんなで寄せ集めて議論をしながらさらにリサーチを重ねていくうちに見えてくるものが出てくるという感じです。その中で誰が見ても、ある程度伝わる**グローバルなメッセージみたいなものがバシッと決まるまで、かなり議論します**。

日本での仕事

――田根さんは日本でも、「Todoroki House in Valley」（二〇一九）など実作が増えてきていますが、そもそも設計を始めて物をつくったのはヨーロッパですよね。恐らくヨーロッパの物ができていくシステムや社会的な状況と日本は違うと思います。そういう中での苦労はありますか。

田根　そうですね。**日本は建築家としての社会的なポジション、働き方やフィーが全然守られていないというのが実感としてあります**。また日本の物をつくるスピード感は圧倒的に速いですね。でも僕はそれは良くないと思っているのです。そうすると、物というよりも時間を優先してしまいます。

――それはそうかもしれません。極めて効率性が重視されている社会だという気がします。

田根　時間が物を決めたり、条件が物を決めてしまっていて、大事な結論を物そのもので決めていないのではないかと思ってしまいます。日本は時間とお金がすごく強すぎることに対して、僕ら建築家側はなかなか戦えないというか……。

ヨーロッパの場合、もちろん時間やお金も大事ですが、でも何でつくるかというところが根底にあるので、使うお金と時間はやっぱり議論で決まってきます。

――そのときに、例えば一年くらいで設計を終えようと思っていたのが、二年、三年かかると、手間暇がかかって経費も支出も多くなりますよね。そういう場合は、これだけ時間が多くかかったから対価を支払ってくださいとなるのでしょうか。

田根　費用が支払われるかどうかは、変更点がどちらの理由かにもよりますが、そこはもう最初の契約に入っています。あと、やはり財産として建築をつくっている、残すものだという意識も高いのです。日本は資産でつくっていますよね。僕は財産と資産は違うと思っていて、日本だと建物の価値が資産化されて、しかもローンを組むので減価償却されます。時間が経つと価値が減っていく。土地だけに価値があって、建物は別のものとして扱われていき、四〇年後にはなくなっているみたいな、建築が守られていないと感じます。

場所の記憶を継承し未来の建築をつくり出す

――「弘前れんが倉庫美術館」(二〇二〇)が完成しました。古い煉瓦倉庫のリノベーションで「未来の記憶」を具現化した田根さんらしい作品だと思います。どのような考えと狙いでつくられたのでしょうか。

田根　この煉瓦倉庫は大正期に建てられたもので、約一〇〇年近くの時間が経っていました。昨今の耐震の問題で、近代産業遺産であるこの建物を壊すかどうかの議論も多くありましたが、弘前市としては文化的な意味も込めて「建物を残す」ということを決断し、美術館へと用途を転用するコンペが開かれました。そのときに、耐震補強を行ったりデザインによって新旧を対比させるような「リノベーション」という方法もありましたが、むしろ「コンティニュエーション」として先人の記憶を継承することをコンセプトとしました。そこでイタリアやフランスなど修復保存の技術に学び、今ある技術を使いながら煉瓦で補修したり、煉瓦を足していったり、または漆喰で覆われた壁を剥離し、一〇〇年前の当時の煉瓦を露わにするようなことをしました。それを「延築」と名付けたのです。

弘前れんが倉庫美術館（2020）（設計 Atelier Tsuyoshi Tane Architects、NTTファシリティーズ〈ミュージアム棟設計統括〉、スターツCAM〈カフェ・ショップ棟設計統括〉）

――弘前の建物の屋根は金色をしていますが、デザインに込められた考えをお聞かせください。

田根　煉瓦の建物といっても、もともとは倉庫でした。いわゆる古い倉庫を現代アートの美術館にすることは簡単ではありません。また現代アートとはまだまだ都会の文化で、地方でさらにコレクションのない美術館が永続性を持つには建築への期待が大きかったのです。そこで明治時代にキリストの宣教師が弘前を訪れ生誕祭のときに塾生に初めて「赤い果実＝西洋りんご」を振る舞ったという話があり、また第二次世界大戦中の米不足の際にも、米がなくても弘前にはりんごがあると。そこからフランスの技術者を招いて日本で初めての「シードル」を大々的に製造したのが、この煉瓦倉庫だったという話を聞きました。煉瓦を再生しながらも、老朽化した屋根を断熱し、積雪にも強い素材であるチタンを用いたシードル・ゴールドの屋根にしようと決めたのでした。光によって屋根の風景は変わります。朝の淡い光から夕焼けの光を受けて、時間によって移ろう光の屋根ごと、記憶を継承しながら現代美術館として未来があると考えました。

——新しい帝国ホテルのデザインを担当されることになったと聞いています。どのような経緯で田根さんに仕事が来て、どのようにこの帝国ホテルという歴史ある建物のデザインを考えていこうとされているのでしょうか。抱負をお聞かせください。

田根　「帝国ホテル 新本館」は、二〇一九年に招待された国際コンペで選ばれて決まりました。今回の建て替えに向けて、帝国ホテルとしても約五〇〇以上の世界中の建築家をリストにして、その中から十数社に声が掛かったと聞いています。

誰もが知っているように、江戸時代が終わり日本が近代化の夜明けとなる時代の変化の中で、世界の賓客を招くホテルとして帝国ホテルは始まりました。そして二〇世紀を経て大きく時代が変わるなかで、一三〇年この場所で歴史を築いてきた場所の記憶から帝国ホテルの未来を考えました。

ここではさまざまな国際会議や祭典や式典など華々しい催しが行われることから、基壇部を迎賓館として「宮殿」とし、高く階段状に上へ伸びる「塔」を人類の進歩の象徴として融合させました。この帝国ホテルのコンペが決まったとき、「自分の建築家としての人生が決まった」と感慨深く思いました。

完成は二〇三六年が目標です。これから一五年かけてつくり上げていくのです。

帝国ホテル 東京 新本館イメージパース（2036年完成予定）

――帝国ホテルの歴史を考えるとフランク・ロイド・ライトの記憶を掘り起こすのでしょうか。

田根　帝国ホテルは初代が渡辺譲による設計で、西洋の賓客を招くにふさわしい建物でした。二代目・帝国ホテルはフランク・ロイド・ライトによる設計の建物で「東洋の宝石」として世界から称賛を受け、このときに帝国ホテルのアイデンティティが芽生えたと思っています。三代目となる高橋貞太郎の設計による現・本館は、時代の変化に向けたグランドホテルとして壮大な規模の建物となりました。

そして四代目となる「帝国ホテル　新本館」では、マヤ文明にインスピレーションを受けたライト館によって「東洋の宝石」と謳われたコンセプトを掘り下げ、またわれわれもメソポタミア文明やエジプトなどの古代文明、オリエントの文明などを調べ、人類史を通して未来の帝国ホテルを考えていきたいと思います。

――世界で活躍する田根さんから、日本の建築を学ぶ学生へ向けてのアドバイスをいただけますでしょうか。

田根　僕たちが生きているこの世界はチャンスで満たされています。日本の暮らしに眼を向けて、たった一つしかないその場所を豊かにしていくこと。世界に飛び出して、世界の未来をつくる仕事に関わること。人生は縁と経験です。自分の未来を信じて挑戦し続けてください。

（二〇一八年一一月一三日　日本建築家協会にて収録、二〇二一年一二月追加収録）

Keisuke Toyoda

豊田啓介

複雑性

ノイズに

価値がある

豊田さんの事務所は工場みたいなところである。先端デジタルを操る人の場所としてピッタリだし、野球帽を被って現れたその風貌もお似合いだ。コロンビア大学に行ってデジタルエキスパートとなって帰国された方は多くいるが、豊田さんはそのパイオニアである。ただ彼のアプローチの背景には生まれ育った千葉の漁師町集落の不規則性や、卒論で探求した日本建築のシステムなどがあり、歴史の集積とビッグデータを等価に見る目が独特なのである。事務所名であるnoizは、こうした彼の幅広い知性の表れである。

集落や歴史など蓄積されたものへの関心

——僕は一九八五年にUCLAに留学しましたが、そのときの目的の一つに、UCLAの教授ウィリアム・ミッチェルからCADを習いたかったことがありました。それは単なる技術の問題ではないと思います。僕の卒論はル・コルビュジエ論で、ル・コルビュジエがアクソメを使うことによって建築のデザインが違ってきたということを書いたのです。つまり、建築家の使うツールが変わるとデザインも変わるという考え方をそのときに持ったので、CADを使うと必然的にデザインが変わるだろうと思ったわけです。ところが実際UCLAに行ってみたら、CADは実用化とはほど遠い状態で……。その後帰国して仕事を始めて一〇年後、一九九五年にWindows 95が出てきたのです。

豊田　Windows 95から爆発的に広がりました。

——自ら秋葉原へ行って、富士通のコンピューターを手に入れ、独立して最初の図面を全部自分でCADで描きました。その経験からも、今後自分の好き嫌いにかかわらず、ツールは変わっていかざるを得ないというか、必ず変わっていくのだと思っています。CADが一つのツールとしてデフォルトになっている今、次に何が建築界のデフォルトになるのだろうか、すごく興味があります。そういう興味から、豊田さんにお話を聞きたいと思ったわけです。

意外にも、豊田さんは東京大学の日本建築史の研究室で卒論を書かれたのですよね。これがまたすごい。「真々制から畳割制へ　一六〇〇年代を中心とした住宅建築の変革」というタイトルで、恐るべきたくさんのデータを使って書かれています。そのあとに安藤忠雄建築研究所へ入られました。いわゆる古典的な「ザ・建築」を学ばれたあとにコロンビア大学に留学してSHoP Architectsに入られる。コロンビア大学に行ったときには、すでにバーナード・チュミがペーパーレススタジオをしていたことを知っていてそれを求めて行ったのですか。それとも別にデジタルのこととは関係なく、アメリカへ行って自分の可能性をもっと広げようとしたのでしょうか。

豊田　僕の中では全部つながっているので、若干長くなりますが……。

僕は埋立地で生まれ育ちました。千葉の幕張新都心の隣、検見川浜のニュータウンです。周りが全て計画された直交、直角でできている団地の中で育っているので、モダニズム的なものに新しさをまったく感じず、むしろそれに辟易していたというか……。きれいなのですが、何か足りないこの街は何なのだろうと、当時はもちろん意識していないのですが、潜在的にそういう物足りなさを持っていたのでしょう。

特に千葉の場合面白いのは、国道一四号線を挟んだ向こう側は、稲毛や検見川という昔の千葉の漁師町が残っていて、その構造は丘の上に神社があって、等高線に沿って漁師町がある。昔の集落が持つ不特定多数の思いの蓄積みたいなものが凝縮された町が並んでいて、そっちが断然面白くて、常にあこがれを持っていました。

それはあとになって気付くのですが、恐らくそういう集落や歴史の積み重ねのようなものが持つ、圧倒的な蓄積でしか生まれようがない質みたいなものに、もともとずっと興味があって、大学時代も集落とかが大好きで、そういう興味が高じて歴史も好きでしたし、お寺を見にいくことも大好きでした。ただ同時に、フランク・ゲーリーなども大好きだったのです。当時、ちょうどミネソタ大学のゲーリー設計のワイズマン美術館ができた頃で、まだビルバオ・グッゲンハイム美術館の前でしたが、ゲーリーがああいうスタイルを確立し始めたときでした。いわゆる集落的なものをポストモダン的に形だけ真似るのではなくて、**何か複雑性みたいなものを抽出して現代のボキャブラリーで出してくるのがすごく面白いと思っていました**。

大学時代はとにかく留学したかったのです。それは、外に行って違う水の中で建築を見たいという気持ちがずっとあって、留学するためには大学院に行かなければならないので勉強をしていたとき、安藤忠雄建築研究所(以下、安藤事務所)から「うちに来ないか」と電話がかかってきたのです。僕はそれまで設計課題でも安藤事務所的な設計はまったくしていなかったので、周囲から「おまえが行くのか」と驚かれたのですが、とにかく別の環境で建築を考えたくて大阪に行きました。

今、コンピュテーショナルにものを考えるにあたって、安藤事務所で培った、こういう寸法体系でこういうものを設計すると、実際にこう感じるものだということが全部肉体的に紐付いているからできているところがかなりあるので、すごくいい基礎をつくってもらいました。でも、集落などが持つ不特定多数の怨念というか思いみたいな質をデザイナーがデザインできるのかということに関して、複雑なものを複雑なまま扱える可能性みたいなものに僕は興味があって、辞めて留学をしたいという気持ちがどんどん高まっていったのです。

ちょうど二〇〇〇年で担当していたものが三つぐらい同時に終わったので、そこのタイミングで辞めさせてもらいました。そのときに、もともとコロンビア大学がペーパーレススタジオをやっていたとか、当時、コンピュテーショナルデザインの最先端だというのが分かっていた上で行きたかった当初の目的に戻った感じでした。今の時代だとたぶんコンピューターを使うことで、個人やデザイナーが全てをコントロールしてしまいますが、そうではなくて、コントロールできないことはある程度任せて委ねて諦めて、でもそこで初めて到達できる質やデザインにするには、やはりデジタル技術に行かないと、もうこの先はないのではないかという感じがしていたのです。

ノイズの中にこそ価値がある

――それで二〇〇七年、日本に帰ってnoizをつくられるわけですね。まず興味深いのは、どうしてnoizという名前なのでしょう。

豊田　僕らは今、建築でGrasshopperなどのグラフィカルコーディングのソフトを使いますが、音の世界では、九〇年代からMAX/MSPのようなグラフィカルコーディングの技術が普通に普及していて、ある程度みんなが使うのでいったん廃れて、でもまた新しくなってきて、今もう一回隆盛を迎えています。音楽は一人でもつくれるので、社会実装のサイクルが一〇年、それ以上に早いのです。

大きな音楽の流れでいくと、クラシックが正統としてあった時代に新しくジャズができてくると、皆「あんなものは雑音だ」と言いました。次に出てきたヒップホップやテクノにおいても同様で、つまり新しいものにも評価側の話ですよね。でもそれが雑音かというとそんなことはなくて、あくまで社会として慣れるかどうかであって、社会のほうがそれをチューニングして評価する感覚を育てていなかっただけの話で、あくまでも内在的なことなのです。

恐らくそれ自体の価値というよりも、われわれが集団的に評価の感覚を自分たちの中に育てられるかの問題であり、そういうもののほうが可能性領域としては、たぶん僕らが認知しているものよりも、むしろ圧倒的に広いはずです。という意味でいったら、**僕らが認知できていないノイズと思っている外部の広大な空間の中にこそ、価値があるはずだという意味を込めた名称**です。

デジタル技術を使った造形の先にあるもの

――noizの最初の頃はインテリアが多いですね。そのインテリアの中に独特のつくり方が見え隠れしています。

例えば、「Wireframe Furniture」（二〇一二）という作品は、ワイヤーフレームでできた家具のようですが、それはいわゆるデジタルではないものなのでしょうか。

豊田　デジタル空間の中でワイヤーフレームのような3Dモデルをつくっていると、逆にそれに慣れてしまった状態で、現実世界で中の家具が全部ワイヤーフレームになっている部屋に入るとどうなるか。写真だと単体の家具にしか見えませんが、これは台北にある「北師美術館（MoNTUE）」（二〇一二）にあって、美術館の入口のロビー空間の中のオブジェクトが机から植木鉢まで全部ワイヤーフレーム化されています。なので、部屋に入ったときに、空間がねじ曲がったというか、「あれ、どっちの空間にいるんだっけ」というようなゆらぎが、この場合はむしろこういうデジタル表現に特化することでできたのです。**デジタル技術はデジタル空間の中でしか存在しないという常識に対して、それが現実の物理空間にできてしまったときの認識のゆがみをデザインする**みたいな感じでしょうか。いわゆるこれまでの建築という領域で扱っていた勝負所に対して、今までの評価軸とは違う半歩外に出たところになるので、僕らの作品はいわゆる『新建築』などにはなかなか出にくいものになってしまうのです。

こういうものをやらせてくれる機会は、日本国内ではなくて、中国とか台湾のほうが断然多いですね。

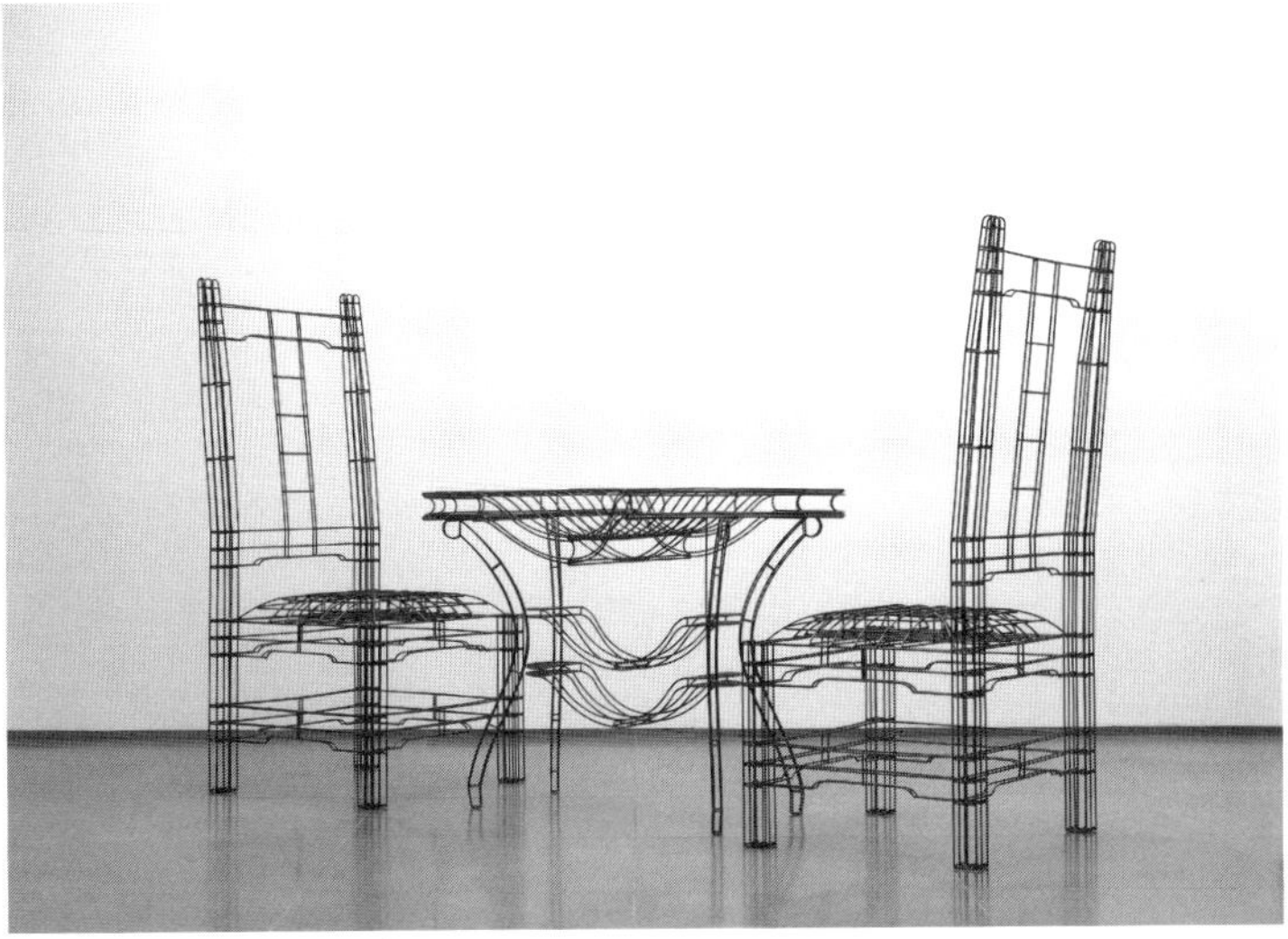

Wireframe Furniture (2012)

Rui-An Apartment (2012)

──豊田作品の中には古いものをデジタル技術で再利用しているようなものもありますね。

豊田　やはり台北にある「Rui-An Apartment」（二〇一二）の場合は、実際に古道具を買ってきてコンクリートにキャストしているものと、古道具を3Dスキャンして断面データを取り、その断面データにあらかじめくり抜かれたPCボードをつくって埋め込んだりしています。一方、台北の「Apartment in Da-Zhi」（二〇一二）は、完全に新しくつくったものが全部きれいに収まっているものです。

──みんな古いものかと思ったら、違うのですね。

豊田　表面に全部サンドブラストをかけて古いもののようにしているのです。なので、古いものと新しいもの、どっちがどっちだか分からない状態をつくっています。

「Rui-An Apartment」にあるシャンデリアは単純にアルゴリズムとして、ある空間を規定して、その中にグリッドを切っていくと、「全ての点を結びなさい」という一筆書きみたいなルールがつくれます。そうするといろいろな形が出てきます。

──外装もいくつか手掛けていらして、国内では「SHIBUYA CAST.」（二〇一七）がありますね。

豊田　僕らはファサードとランドスケープのデザイン・監修を担当しました。明治通り沿いの正面ファサードのど真ん中に室外機置き場がくることが決まっていて、それは機能的にも必要である。でも半分商業施設なので、商業的なプレゼンスを与えないといけないので、なんとかしてほしいということ

SHIBUYA CAST.（2017）
（設計・監理：日本設計・大成建設一級建築士事務所共同企業体）

だったのです。アルミの押出し材によるフィンを、真っ直ぐのものと三〇度曲がっているものの二個しか予算的につくれないなかで、三〇度曲がっているものを反対側にも使えるようにして、三種類のフィンの折れ曲がり角をうまく分布してあげると、草原に風が当たったときにブワーッとなるようなパターンがいくつもつくれるようになってきました。それがあると、季節や一日の時間、天気、見る人の移動や位置に応じて反射のパターンが違うので、固定的なイメージにならないようなファサードができます。

建築はもっと動いていいじゃないか、動かしたいということが、もともと僕の信条の一つとしてあるのですが、仮にキネティックに動けないとしても、パッシブダイナミックというか、受動的な印象のものが動いてくれれば機能は満たせるということで、絶対に見え方が固定しないようなパターンを探しました。そのためにプログラミングを使ったという感じです。

——noizのデザインの主眼について、あるいは今まで建築だといわれているものの外側の、ノイズといわれるような広大な荒野にどうやって踏み込んで作品をつくろうとしているかを教えてください。

豊田　たぶん僕らは、つくったものを評価される視点として、あまり現在の日本の建築界の視点というのは意識していなくて、むしろ建築界全体の歴史的な位置を意識しているところが多いのです。例えばコロンビア大学でいえば、一〇年間ペーパーレスをやり、そのあとデジタルファブリケーションみたいなものをやってきた三〇年近い積み重ねがあります。その中には、典型的なデジタルモデラーっぽい造形や３Ｄファブリケーションでの造形があって、じゃあ、その先は何なのかということが共有概念としてあります。日本だとその共有概念がないので説明がしづらいのですが……。

僕らも、典型的なRhinoやGrasshopperを使った造形の先の価値は何かというところで勝負をしたいので、そこをいろいろ試しています。デジタル技術があるから初めてできる造形そのもので勝負をしてしまうと面白くないので、そこにあえて古い素材を合わせてみたり、反射の全体のパターン生成を考えてみるとか、建築の建て前なのにあえてプログラミングしかやらないとか、形としてのデザインよりは、むしろそのインタラクション自体のデザインで勝負するとか、もう半歩外したときに何があるのかを試しているところが多いのです。

それはたぶん、一回デジタル技術の典型的な表現が飽和したところで初めて見えてくることなので、なかなか日本では分からないところがあります。それもあって日本の教育にも関わることが多いのです。**まず食わず嫌いをやめて、デジタル技術をみんなが持てる状況をつくりましょうと呼びかけています**。それで、みんなが飽和している状態も必要な成長過程であり、そこで初めて、その先の勝負所というか、感性というものが見えてくるはずなので、まずはその飽和状態にみんなで到達する土壌をつくりましょうと言っています。

――豊田さんは慶應義塾大学の池田靖史先生たちと建築情報学会というものをつくろうとされています。デジタル技術をどのように建築教育の中に取り入れていくのでしょうか。

豊田　既存の建築を根本から覆しかねない、情報的であったりデジタル的であったりする新しい建築は、技術や知見の体系を相対化して、その位置付けを定義してあげないと、みんな手を付けられないのではないでしょうか。建築史に建築情報学史的なものが乗っかってきて初めて、何か相対化というか距離感が測れるようになって、建築界全体のデジタルアレルギーみたいなものが溶け始めるのではないかという感覚があって、それをやるためにはまず建築情報学史をつくらなければならないし、それの理論もやらなければならないし、ＢＩＭとかＣＡＤを使う技術的な体系もつくらなければならないと思っています。

デジタル技術への認識が遅れている日本の建築界

――ＣＡＤがデフォルトになった次に来るものは、ＡＩだと思っています。ＡＩといっても非常に広い言葉でありだいぶ誤解されているようです。

豊田さんは、ＡＩがデフォルト化されていくとどうなっていくと考えていらっしゃいますか。

豊田　特に職能という意味でＡＩについて言うと、ＡＩが出てくることで既存の職種や仕事がどんどんなくなるという話がよく出ますが、それはある面では正しくて、ある面では間違っていると思います。要は評価領域を、今僕らから見えている職能の中で見れば、その中の一部はＡＩができるようになるという意味で間違いなく減っていくのですが、ＡＩをつくったり育てたり実装するために、たぶん今僕たちが見えている領域の外側に新しく必要になる職能がたくさん生まれてくるはずです。つまりＡＩを使うことで新しい職能もたくさん生まれてくるので、その増減を含めると、むしろ人材は足りなくなっていく側にいくだろうし、総体としてはニーズが増えるようになっていくような気がします。

それを社会で探し出すには、シミュレーションなり実証実験なり、まず技術を使ってみることが必要で、それをやるうちに、どこにどんな職能が生まれてくるのか、何が必要になるのか、これと既存のものとの間にどういう調整が必要になるのかが、初めて見えてくるのではないでしょうか。

――海外は日本より進んでいるのでしょうか。

豊田　少なくとも進んでいる領域を持っている国は複数あると思います。

例えば、スイスは国を挙げて教育に非常に多くの投資をするので、チューリヒ工科大学（ＥＴＨ）では、人材を世界中から集めて研究機会を提示しています。デジタルファブリケーションと複雑系のシミュレーションを用いて形を生成させて、それをロボットアームの加工シークエンスに落とし込むというような実験を、国が企業とマッチアップして外に発表するプロモーションまでバックアップするようなシステムを、多額の投資をしてつくっているのです。

似たようなことは、アメリカの大学でも圧倒的に多いです。例えばデジタルファブリケーションだけを見ても、アメリカの多くの大学にレーザーカッターが爆発的に普及したのは恐らく二〇〇三年頃ですが、日本に比べると十数年早いです。日本ではいまだに爆発的な普及の段階になっていません。そこで飽和して次の段階に行くというサイクルを何度も繰り返さなければいけないので、爆発的に広がる状態を早めにつくるべきだと思います。

そういう意味では、**中国とか台湾のほうが圧倒的に日本よりは早い**ですし、そこで育った人材が今はまだ二〇代ですが、彼らが三〇代、四〇代になったときの競争力を考えたときには、ちょっと寒気がするというのが正直なところです。

——例えば、ここ一〇年か二〇年くらいはアメリカの建築に比べて、一般的にはヨーロッパの建築のほうが面白いと言われていました。アメリカは何もつくっていなくてドローイングを描いたり、模型をつくったりしているだけじゃないかと言われていましたが、恐らくその時代に、今おっしゃっていたようなデジタル的な学習が蓄積されていたのかもしれませんね。

豊田　たぶん僕らからこれが建築であると見えている領域の外側のプラットフォームにしみ出していても僕らのアンテナの波長に引っかからないのでしょう。だからこちら側で、もっとビジネスやソーシャルなところに出て行かざるを得ない。それと連動しない形で建築や都市を考えても、実効性を持たない懐古主義的なものになってしまうというのが、むしろ一般的な理解になりつつあると思います。

●NP ミラノデザインウィーク 2019 “Patterns as Time” (2019)
デザイン：noiz　照明デザイン：岡安泉照明設計事務所（岡安泉））
子ペーパー特有の柔軟性や経時変化を許容するプログラム性、自発光とは異なる独特の
感を活かし、自然界に多様に現れるパターンのエッセンスを展示空間に凝縮した作品。

建築家が持つべき責任

――二〇一九年三月に僕が企画して開催した「建築デザインにおける社会性を巡って」というシンポジウムで、特に三・一一以降の建築では、芸術性というより社会性が重視されるというような流れがあります。そうはいっても建築家はどこかである形を決めていく瞬間があるわけです。このシンポジウムのパネラーの青井哲人さんは、そこで自分の活動を切断し、パンと署名印を押して建築化するのが建築家の社会性だと言っていました。しかし今はリノベーションなどが増えて一概にそうとはいえなくなっていますし、建築家の役割が建築をつくることだけではなくなってきています。
そこで、デジタル技術の上に乗って建築という土俵の外側の新しい領域を探索する豊田さんとしては、やはり自分のつくるものを一度切断して、「俺は豊田だぞ、あるいはnoizだぞ」という感覚を持っているのでしょうか。それとも「建築はそうではない」という感じで思われているのでしょうか。

豊田　結論からいうと、僕の最終的な興味は、新しい価値体系や機能がどんな形を正当化するのか、生み出すのかという点にあります。やはり僕の根本的なスタンスはデザイナーなのです。新しいデザインがどう生まれ得るのか、そのエッジをどう立てられるのかに関心があるので、署名をするということ、自己顕示欲というか認められたいと聞こえますからそれとは若干違いますが、アノニマスの中に溶け込むのではなくて、ちゃんと価値のエッジを極限まで立てること自体に新しいやり方があるはずで、それを探したい、そのクリティカルな決定なり采配なりを行う立場として新しい価値を体現してみたい、ということが根本にあります。

建築家が扱っている領域はとても狭くて、僕らはその外側についていかに議論しているふりをしながらも実際はよく見ていなくて、社会が見ている領域と齟齬があるのにあたかも合致しているような議論が蔓延しすぎているとすごく感じています。その中で、建築家だけが持ち得る専門性や特殊な能力をもっと使うことを、むしろ価値として出していくべきなのに、それを隠して社会の責任の中に埋没させるような行為は僕は無責任だと思っています。

具体的には、例えば、いろいろな意思決定を市民参加でやって、形の決定を投票で決めるようなことが最近行われていますが、その部分こそ、僕は専門家がやらなければ意味がないと思っています。そこにいちばん僕らが責任を持たなければいけないし、普通の人が普通に生活していたら持ち得ない知見を結集する瞬間こそ、建築家がいちばん責任を持ってやらなければならないところでしょう。ただ、それを準備する過程が建築の領域に閉じているのではなくて、建築家はその外側の技術領域や新しい価値領域、建築との接点をまだ持ち得ていないさまざまな領域のロジックをどう拾い上げて、建築という新しい形に結像させるかというところのプロフェッショナルなわけで、そこに関しての専門性を持たなかったら意味がないのではないでしょうか。**今はむしろ逆で、建築の中に閉じたまま、決定の瞬間だけ民主化させている。領域は民主化して、決定の瞬間は専門化させなければならないはずなのに、逆ではないかと思う**のです。

（二〇一九年三月一一日　noizにて収録）

中山英之

Hideyuki Nakayama

映画性

雑多なものに
居場所を
与える

僕は中山さんの建築（実物）を見たことがない。でもどれもきっと面白いだろうなあと思う。失礼かもしれないが「面白い」という言葉が似合いそうな気がする。それはインタビューの一年くらい前に見たTOTOギャラリー・間の展覧会での映画から想像してのことだ。これは中山さん設計の五つの家の特徴を住人が映画にしたものである。まさに生きられた家が映像となって現れているのだが、中山流の独特なデザインと住人の生活がマッチしている。この生活だからこの家があるとそう思えるのである。

初めてだからできること

——今回中山さんの作品についてさまざまな情報を読ませていただき、非常に少数精鋭といいますか、全ての作品にとても充実したいろいろなものがこもっていて、改めてすごいと思いました。じつは私たちはTOTOギャラリー・間「中山英之展　, and then」（二〇一九・五・二三〜八・四）のプレス発表のときにうかがって、展示を見て、映画も拝見しました。そのようなこともふまえてお話をうかがっていきます。

中山さんのいちばん最初の作品は「2004」ですよね。タイトルからして最初からかなり衝撃的な作品でした。これは二〇〇四年に竣工したのですか？

中山　初めて敷地を見に行った年を名前にしたんです。できたのは二〇〇六年です。

――この作品では木造では考えられないような、木造の箱が浮いているような建築をつくられています。それは場所と建築の関係をどうつくるのかがテーマだったのかと思いました。恐らくその後の建築の中でも、場所や隣の建物、敷地の高低差のようなものから何かを読み取ってつくられている姿勢を感じました。まずは、この作品をつくられたいきさつから教えていただけますか。

中山　僕は当時伊東豊雄建築設計事務所で「まつもと市民芸術館」（二〇〇四）の担当で、松本に二年半常駐していました。松本の現場はとにかく忙しくて、アパートと現場を往復するだけで、祝日も休日もほとんどない日々でした。その上、地元は必ずしも建設賛成派ばかりとはいかないので、ご飯を食べに行ったりしても、あまり自分の素性を明かさずにひっそりと生きていました（笑）。街で唯一話す相手といえば、美容師さんくらいのものです。それでも二年くらいは自分の話はしていなかったのが、あるときその美容師さんが、「伊東豊雄さんの新しいホールがとても楽しみだ」って言ったんです。それで嬉しくなってつい、「僕そこで働いてます！」って。東京では美容院に行くことすらなかったのですが、地元の人と話せるのは髪を切るときくらいしか思いつかなかった。それで、街を歩いていちばんしゃれた感じの美容院に入ってみたんです。きっとデザインに興味を持っているに違いないって。**その人が頼んでくださったのが「２００４」だったんです。**

――えっ、そうなのですか。

中山　はい、現地施主をつくっちゃった。すでにホールの仕事は最終局面にさしかかって、他のスタッフは週末東京で帰る部屋を探し始めたりしていたのですが、僕は施主をつくってしまった。何年もかけて大きなホールをやらせてもらって、いっぱしに建築のことを学んだ気になっていたので、これを機に独立してそのまま松本にいよう、なんて密かに考えていました。それで、いよいよ伊東さんに打ち明けようという日に、「もう一つ主担当者としてちゃんとやらないと、建築家にはなれないぞ」って、なぜだか先手を打たれてしまったんです。そこで正直に事情を話したら、「駄目とは言えないし、なんとか両立できるのであれば」って。ありがたいやら申し訳ないやら。でもそれで余計気が引き締まりました。担当させてもらったのは「多摩美術大学図書館」(二〇〇七)のプロジェクトです。それは僕にとってかけがえのない経験になりました。

ただ、そこからは大変でした。住宅はさすがに一人では無理なので、伊東事務所に電話して「事務所に出入りしている学生でいちばん優秀な人を教えて」って。そうやって、会ったこともないまま初めてのスタッフが決まりました。それから毎日昼間は伊東事務所に通い、夜中と週末は事務所の近所に借りた小さい部屋に行って、そこでたった一人で仕事をしているスタッフと打ち合わせをして、という生活が始まりました。そのうえ、大ホールの設計をしたことはあっても、正直住宅のことなど、スイッチを入れるとお風呂にお湯が溜まる仕組みもよく分かっていなかった。スタッフになってくれた人も優秀な学生ではありましたが、実施設計は生まれて初めて。素人二人なのです。そもそも一気通貫したコンセプトを持つなんて、技術的にまだ無理なんですよね。**それで、全体から考えるのはやめにして、一日一日分かったことに後からつくり話を当てはめていくようなやり方でやってみること**

2004 (2006)

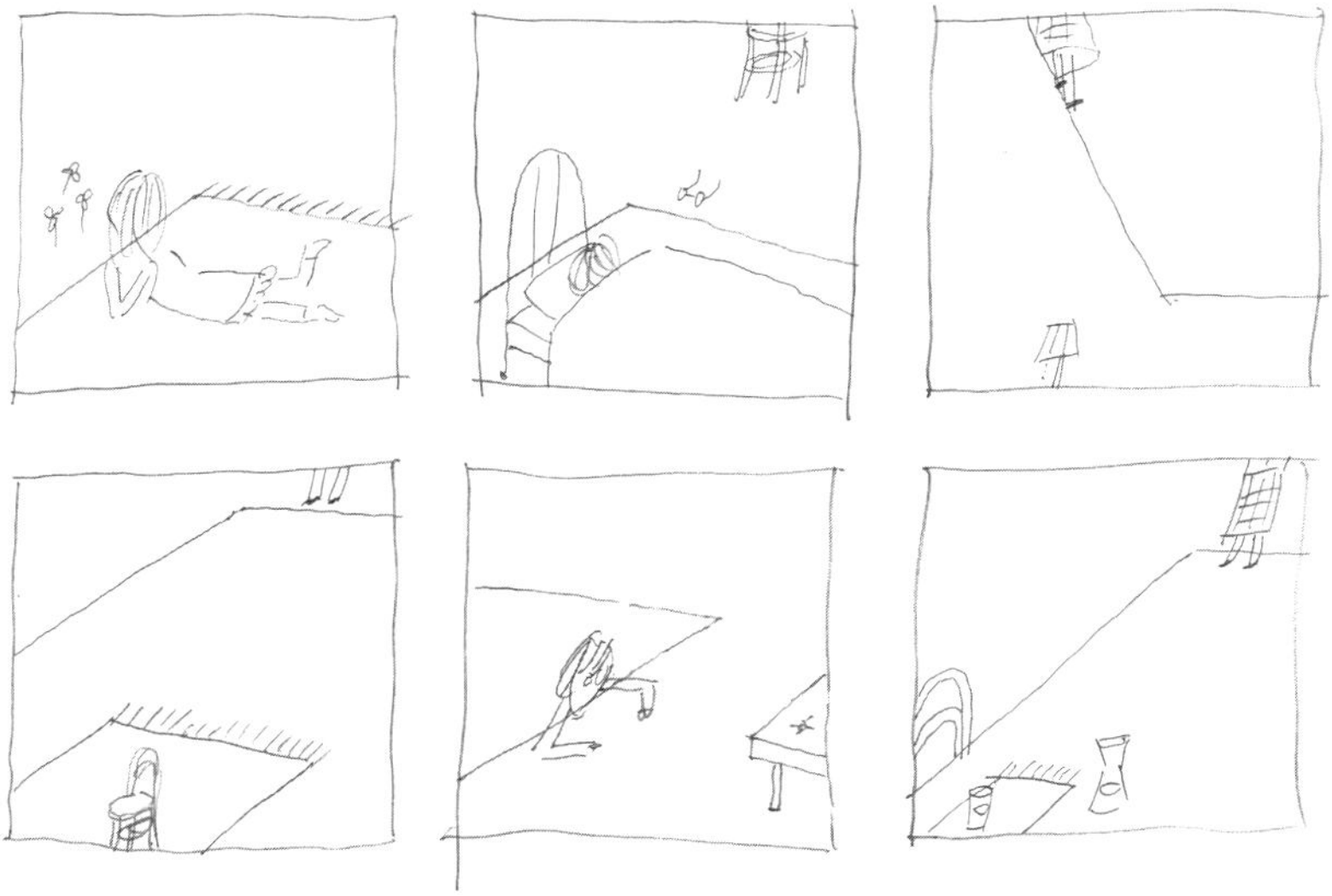

2004　構想時のスケッチ

にしました。具体的には、話し合ったことを僕が適当にスケッチに描き留めて、そこから推理した模型をスタッフがつくる、というようなことを始めた。知識が足りないので、どの判断にも確証が持てないんですよね。なのでそういうところは取りあえずそのままにしておいて、分かることからちゃんと描き留めていこう、という感じで進めていきました。だから最終的にできたものについては、どこからでも詳細に説明できます。どうして目地がこうなのか、なぜ柱はここじゃないと駄目なのか、終わってみれば全部振り返れるのに、考えていった順序は追えない。でも、そういうのって、映画や小説ではむしろ普通ですよね。例えば連載小説や連載漫画では、自分が書いてしまったことに半年後くらいに辻褄を合わせなければならないようなことは、小説家や漫画家には当たり前のことです。そうやってできた素晴らしい物語を僕たちはちゃんと知ってるじゃないか、と、心細くなると励まし合いながらつくったのが「2004」でした。

スイスにはチョコレート

――つまり、断片的に考えたものがグーッと寄せ集まったときに矛盾していれば、そこでまた考えるという方法なのですね。断片として切り取るとき、次にこれを考えようという順番やこれが大事というようなものはあったのでしょうか。

中山 そうですね、確かにいくつかキーになる展開はありました。

今話した映画で言うと、常駐当時もよくレンタルしていて、中でも前からヒッチコックが好きでした。彼の映画づくりにはいろいろ不思議なルールがあるんですよ。その一つに、「スイスにはチョコレート」（『定本 映画術 トリュフォー・ヒッチコック』晶文社、一九九〇より）というのがあります。昔の映画って、疑似旅行の要素があって、007なんて典型ですよね。ただ、007みたいにヴェネチアのゴンドラやタージマハールみたいな観光名所ばかりを映すのはちょっとお気楽すぎる。ヒッチコック映画はサスペンスなので。かといって、そういうシーンなしではカットとカットのあいだの移動を観客が追えなくなってしまいます。そんなとき、**さりげなく登場人物にコーヒーではなくホットチョコレートを注文させるんです。そうすると「スイスに来たな」ということが伝わる。**そういう独特なルールの一つひとつが、ヒッチコック映画をヒッチコック映画にしていたんですね。

何が言いたいのかというと、例えば「移動」だけを取り出しても、そこには映画ならではのいろいろな考え方、組み立て方があって、物語の全体像はまだないままに、そうした細部がシーンの構想を生き生きと立ち上げてしまう。そういう試行錯誤の方法がとても面白いと思ったのです。その結果ヒッチコック映画では、端々に描かれる些細な出来事や意味のないような情報が、最後には全てが必然であったかのように鮮やかに回収されていくような芸当が、こともなげに実現しています。だったら僕たちだって住宅一つを、全体像が分からないままでも、同じようにつくり上げていくことができるはずじゃないか、と。

――ヒッチコックの映画が最終的には必然的な関係性を持っているとおっしゃいましたが、中山さんの「2004」もすごく必然的な関係性を持っているように最終的には見えているので、今聞いたバラバラに考えていることはとても意外でした。ただ、一階の書斎など、床に座ったときに地面が見えるようなことは、普通の住宅ではとてもあり得ない風景です。住宅という既成の枠組みの中で考え始めると絶対にこうはならないでしょうし、バラバラに考えたからこそこういう建築ができたのかと今感じました。

曲線という合理

――「Y邸」(二〇一二)では隣の建物の壁が重要な要素になっています。その壁に面して弧が描かれていて、そこは隣家の壁と同様に白く塗られ、逆側は打ち放しになっています。中山さんの建築の多くに曲線が出てきて、この幾何学的ではない曲線にすごい生命力を感じますが、どうやってこの曲線ができているのか、興味深いです。

中山　カーブは家具が置きにくいなどとよく言われたりしますが、**曲線には曲線の高性能な部分もありますよね**。「まつもと市民芸術館」も敷地サイズが本当にぎりぎりだったのですが、例えば車椅子が通れる寸法だとか、シャッターの製作限界だとか、そういう変えられない条件を固定されながらも、それらを変形敷地に収めようとすると、間を結ぶ線は曲線以外にありません。客席など、やっと収まったと思ったところで新しい条件が出てくることが何度もありますが、曲線ならそれまでの積み上げをパラメトリックに変形させることで対応できる。例えばキッチンの収納を考えたりする場合も、冷蔵庫の奥行きは六五〇ミリもあるのに、グラスを置くには深すぎますよね。「弦と弧」(二〇一七)も梁以外は曲線ばかりですが、キッチンの収納は奥行きの全然違ういろいろな物が前面をきれいに揃えて並んでいます。

――物の多様性に合わせることができるわけですね。

中山　あらかじめ全数的であることが、身の回りの雑多さに勝手に居場所を与える感じでしょうか。もちろん扉をつくるのがちょっと大変だったり、梁を曲げなくてはならなかったり、別の大変さは無視できませんが(笑)。

――関係性を消すということなのでしょうか。何かを置いた瞬間に何かが定義されてしまうというように、お互いを定義し始めると世界が狭まった感じがするのですが、それを解放してあげる、曲線もそうだと思いますが、やはり解放性があって、今まで縛られていたような空間から脱出できるとか、そういう欲望をかなえてくれるということなのかもしれませんね。

自分の存在を他人事のように見る

――次に「家と道」(二〇一三)についてうかがいます。「家と道」と「2004」は曲線ではありません。僕が、「, and then」展で映画も見ながらいちばん面白いと思ったのがこの作品で、その理由は簡単に言葉では説明できないのですが、中山さん自身が書かれている、窓を開けると隣に家が見えるけれどそれが自分の家で、そうするとそこに人がいたりいなかったり、真ん中の通路を全然違う人が通り抜けていったりいかなかったり、建築における他人の視線だったり身内の視線だったりというのを強く感じる建築だと思いました。もともとクライアントがマンションに二室持っていたそうですが、なるほど、だから割とすぐにこういう空間になじんでいけたのだろうと感じました。

もう一つ、「小さなグランド・ホテル」という文章(『新建築 住宅特集』二〇一九年一二月号)がとても刺激的で、そこにフロイトの不気味さという概念が登場します。僕が他人の視線が面白いといつも思っているのは、まさにこの不気味さで、家の中に住んでいて人から見られることほど不気味なことはありません。だけど建築には人の視線にさらされる恐怖感とともに緊張感というものが常にすごく重要で、だからその不気味さがあることがエキサイティングだと思っていて、それを中山さんがこの建築の中で意識されているのかと思うと、とても共感するところがあります。

中山　そこまで読んでくださっているなんて! 嬉しいです。他人もそうですが、いちばん不気味なのはうっかり自分を見てしまうことだって、確かフロイトが言っています。**ドイツ語の「不気味」と**

いう言葉の中に、じつは「家」という単語が入っている、という話で、つまりその中で自分が生活している家を自分で見ることの不気味さは、他人に見られることとはまた違いますよね。

例えば絵を習うとき最初に教わるのは、自分の絵を時々離れて見ることです。そうすると狂いやアンバランスさがよく見える。それって、自分の仕事を他人目線で見ることです。よく主観と客観は対立的に語られますが、絵では客観的な視点を持つことで主観的な思いが、より伝わるようになるのだから、両者はペアになって広がっていくような概念です。

一方で建築は、自分を含む生活や世界を、時々遠くから眺めてみるような働きはそれほどデザインの対象にはされてきませんでした。なんとなくそれは建築の弱点でもあると思っていて、自分の仕事にはあらかじめテーマみたいなものをなるべく持たないようにしていますが、そのことは一つのテーマと言ってもよいと思います。

絵の例を出したのは、「家と道」の施主はＩＴ関係の仕事をされていて、週末に絵を描くのが夫婦の趣味なのです。同じマンションに二部屋借りていたのですが、彼らにとってはその趣味のために倍の家賃を払うほど、絵を描くことと働くことが人生の中で等価のものとしてあって、それがとてもいいなあと思いました。型とスプレーを使ったステンシル技法で描くので、アトリエとして使っている部屋は、全部透明なビニールで養生されていて、壁じゅうキャンバス型のスプレー跡だらけでした。それを面白がっていたら、**「ジャクソン・ポロックのアトリエも、部屋中に飛び散った絵具が彼の作品よりも作品ですよね」なんて言うんですよ、施主が。**痺れますよね。それで、もしこの透明な養生を取り外してビニルハウスにしたら、絵のネガが外装になっていくアトリエになるんだなあ、と。「家と道」に二つ家があって、片方がガラスなのはそのためです。そして道を挟んだ家を密かに地下通路が結んでいる（笑）。平たく言えば通路兼収納ですけどね。

人間を忘れること

――「弦と弧」（二〇一七）の映像もすごく面白くて驚きました。それこそ曲線の妙、ミドリムシのような微妙な形をした建物で、その中に弦が張られているようにスラブが積層していくというものです。敷地の真ん中に建物があって周りがすーっと空いている。どれもが建築としては閉じていて、その中にすごい世界が広がっている。それは割と中山さんの作品に共通しているように思えます。このような設計に至った理由を聞かせてください。

中山　建築家のつくるものには収納が足りないって、よく聞きますよね。僕も例に漏れず、毎回反省があります。この施主はとりわけ物をいっぱいお持ちで、万単位の蔵書がありました。夫妻でグラフィックを軸足にしたフリーランスのアートディレクターをされていて、自宅と仕事場を兼ねているので、仕事に関する印刷物もあるし、さらに絵本や旅行記の自費出版もされていて、その在庫も抱えています。

はじめはマンションなども探されていたそうなのですが、どれも玄関には靴箱、個室にはそれぞれ個別のクローゼット、といった具合で、部屋ごとにその部屋の属性に合わせた収納が小分けになっているのは自分たちには全然合わない、というふうにもおっしゃっていました。紙は紙、服は服、物全てを細かい属性や人称からいったん引き離して、似たもの同士でソートし直したい、そのほうが気分がいい、とおっしゃるのです。それで、この設計では最初から、大量の物を立体的に配置する方法についても考えていくことになりました。

――なんだかお店みたいですね。この辺は電気屋さん、この辺は水回り屋さんというように。

中山　そうですね。機器同士の配線は楽だし、排水もワンレイヤーで解けるので工種的にも分かりやすい。人間側の感覚では異様に聞こえるかもしれませんが、物側の論理としてはそれでいいのです。そういう積層と、先ほどの曲線の話でも物の居場所の話になりましたが、平面の調整が交わって、その間を行き来することが人の生活になる。**だからこれは人を忘れた設計の家です**（笑）。もちろん個々の寸法に人は必ず出てきはしますが。

――面白い（笑）。この作品を発表された『新建築 住宅特集』（二〇一七年六月号）の、中山さんが長谷川豪さん、石上純也さんとお互いの建物を見ながら書かれた文章に、「設計の仕事には物語を書くようなところと、新しい原稿用紙を考えるようなところの、両方があるように思います」とありました。これはどのようなことなのでしょうか。

中山　物語と原稿用紙は、僕が好きだと思う建築や建築家について考えたときに浮かんだ例えでした。それは結果的に、自分がそうありたいと思うことを裏返しに書いていることにもなってしまいますね。

――物語を書くことと原稿用紙をつくることは違うことなのですね。

中山　一見違いますよね。例えば原稿用紙をつくることに徹して物語には立ち入らない建築家はクールです。手触りのいい洗練された原稿用紙をさっと出すのが建築家で、思い思いの物語を書くのは使い手であって、そこには立ち入らない。一方で物語的な建築家像というのもたぶんあります。ドラマチックな動線計画や対象を絞ったピクチャーウィンドウだって、建築家の得意分野です。原稿用紙派か物語派かで建築を語ることももちろん面白いけれど、それだけでもないように思います。例えば、その原稿用紙が本当に書くことを新鮮な時間にしてくれるのかどうか確かめようと思ったら、試しに自分でも物語を書いてみないと分かりません。そうするときっと、ここを広げよう、あそこをずらそうと、原稿用紙もちょっとずつ変化していきます。本当にいい原稿用紙を手渡したければ、何度も何度も自分で物語を書いてみないといけない。そうやってもうこれ以上書けない、となったとき初めて**試し書きを全部消して、もう一度まっさらになった原稿用紙をさっと差し出す。僕が好きな建築にはどこか、そんな雰囲気がある。**

生きられた家と映画

――「, and then」展のときに、できたあとの建築についての五つの映画をつくられていました。

中山　最後に「かみのいし」というのを加えて六つになりました。

――それらはできたあとの建築について追いかけていましたが、おそらく中山さんの建築はつくるときから映画的であると思います。そのことの核として今日はじめのほうにおっしゃっていた、バラバラにつくるということがあると思いますが、ほかにはどうでしょうか。

中山　正直言うと学生時代を含めて、あまり建築を見に旅行したりするほうではなかったんですよね。なので、建築や都市の空間体験という意味では、結構貧弱な経験しかしてこなかった。実体験に裏打ちされた骨太で原型的な空間言語が引き出しに入っていないのです。「原風景」とか「地霊」みたいな言い回しが苦手なのもきっとそのせいですね。その分、頭の中で一生懸命いろんなことを考えるわけですが、例えば「生きられた家」という有名な言葉がありますよね。それは、そこにある生に先立って空間があるのではなく、それを生きたものにするのはそこにある生そのものだ、ということです。それをあらかじめ設計する、ということ自体がそもそも語義矛盾を起こしている。じゃあどうすればいいのか。悩みますよね。

そういうことを超越した空間言語が引き出しから見つからないとき、建築の本をいくら眺めても答えなんてどこにもない。そんなときにすがるように観た映画の中に、似たような悩みを見つけたりすると夢中になります。自分の学生時代がそれでも幸福だったのは、そんな先に手を伸ばせば蓮實重彦さんの書いた雑誌があったし、写真に興味を持てば多木浩二さんがいた。

映画というのも生きられた家と建築の関係と同じで、実際の生がそこにあるわけではない。ぜんぶつくりものです。だからって、映画館のスクリーンで僕たちは、偽物の生を見ているのではない。主人公のご都合で雨が降ったり止んだりするミュージカル映画なんてつくりものそのものですが、蓮實さんの文章を読むと、それが人の生を謳う声に聞こえるのです。そうすると、なんだか建築を考える気持ちがむくむく湧いてくる。そういう対象は誰にもあるのかもしれませんね。僕にとってはたまたま映画だったのかもしれません。ただ、その根底には建築がずっとあります。それがないとそもそも悩みも何もない。映画や写真や、小説や舞台や音楽が素晴らしいと思えるのは、やっぱりそのよく分からない建築というものが、大好きだからなのでしょうね。

（二〇一〇年三月一九日　中山英之建築設計事務所にて収録）

建築に外在する論理としての「世界」

内在と外在

建築にはそこに内在する論理というものがある。前三章で提示した三つのテーマ、物、間《ま》、関係性は建築特有の思考対象である。三つには事柄の関連性がある。建築家は鉛筆であるいはコンピューターで線を引いて図面を描くが、この線の表すものが「物」である。しかし物と物のあいだに「間」を設計していると言い換えることもできる。そしてこの物と間を構成するためにある論理を考える。これを「関係性」と呼ぶことにしたのである。よってこれら三つの項目は建築設計のプロセスに固有に現れる一連の思考対象である。言い換えれば建築に内在する論理である。しかし建築家はこの建築に内在する論理だけを指針として設計をしているわけではない。前三章に登場した建築家たちは相対的に建築に内在する論理を基点としているに過ぎない。そこで第四章では相対的に建築に外在する論理を前景化する建築家に焦点を当てた。

社会性

外在する論理の最たるものは社会性である。建築は多くの人々の共同生産物である。その意味で原理的に社会性を帯びているのである。たとえ私的所有物であろうと建築は公道から見えてまち並み、景観を構成する要素であるから、その時点で社会的な存在となる。さらに建築は人を内包する一単位でもあるから、それ

らが集まったところには必然的に小さな社会が生まれる。その意味でも建築は社会的である。このように建築がアプリオリに保持する「社会性」を強く打ち出す建築家が山本理顕さんであった。そして山本さんは最後に「建築が社会をつくる」という逆説的な発言をしてインタビューを終えた。

転用

現在の建築状況に密接に関連する外在的論理として転用がある。これはすでにある何かをきっかけとして、あるいは基層として新しい層を重ねていく考え方だ。二一世紀に入り、経済が停滞して新たな建築を多く建てる必然性が薄れ、加えてモダニズム遺産をどう扱うかを考えるとき転用は重要な思考の対象である。古澤大輔さんは博士論文で転用を研究し、形態と機能の不一致が空間を豊かにすることを示し、自邸にその理論を応用した。

未来の記憶

古来語られてきた外在論理として歴史がある。そして歴史というのはなかなかの曲者で建築デザインにどのような影響を及ぼすのか、及ぼさないのか、意味があるのか、ないのか議論は絶えない。田根剛さんは考古学的に建築の場所を掘り起こし、そこに眠る過去を暴きながら、その記憶を未来に継承しようと考える建築家である。

複雑性

計画性のない集落の混沌を小さい頃の原体験とした豊田啓介さんは、デジタルデザインを学び複雑性の表現の可能性を探究し始めた。ロボットやＡＩなど情報技術を建築世界に取り込もうと考えている。彼の思考はもちろん建築に外在する論理の中で、今後最も重要なことの一つとなるであろう。その近未来性がお話の中にも見えていたと思う。

映画性

映画は視覚性を持った物語であり、建築と極めて相同的である。建築も強い視覚性があり、そして体感する上での時間性があり、その中で物語が生まれる。だから映画愛好家の建築家はたくさんいる。その中でも中山英之さんはその映画理論を建築に確実に応用する希有な人である。彼の建築のつくり方は映画制作のプロセスに近い。その結果、彼の建築にはさまざまな物語のヒントが隠されるのである。

五人の建築家は上記の通り建築に外在する論理を基点としてそれらを前景化している。それは前三章に登場する建築家とはだいぶ違う。しかし、ではこの五人の建築家が物や間や関係性をないがしろにしているかといえばそういうわけではない。それを自分の建築のテーマとしてはいないだけである。逆に前三章に登場した建築家たちが世界性を持たないかというとそんなこともない。むしろ作品によっては世界性が前景化している人もいるだろう。だから私の分類はあくまで読者への道しるべだと思っていただければ幸いである。

あとがき

本書は私が行っている建築家の基点を探るインタビューの一部をまとめたものである。そのまとめ作業の分類をしながら、拙訳ジェフリー・スコット著『人間主義の建築』（SD選書、二〇一一）を思い出した。この本は今から約百年前（一九一四年）にネオ・ゴシック建築を批判し、古典主義建築を称揚した本である。その理路は当時隆盛を極めたネオ・ゴシック建築が建築に外在する思考としての倫理学、生物学、力学によって正当化されているが、それは間違いであり、建築は建築に内在する美学（空間、量塊、線など）によって考えるべきであるというものである。建築が建築に内在する要因と外在する要因によって語られるのは少なくとも一世紀前には始まっており、モダニズム以後の今もその状況は継続中なのである。そしてどちらが優勢とか、どちらが正しいということもなく、その軸足の置き方がその建築家のスタンスを示しているのである。

もちろん建築家の仕事とは総合的なものであり、内在的要因のみ、あるいは外在的要因のみで完結するものではない。軸足を支えるもう一つの足の力がその人の総合力となるのであり、今回一三人の建築家の方々もそれぞれもう一つの足にも十分力が入っているのだと思う。軸足のみを見るなと怒られそうだが、あえて軸足を前景化しながらお話を聞いたことはお許しいただきたい。

さてこの本をつくり始めたときには三〇余りのインタビューを行っていた。現在、刊行間近になってその数は四〇を超えているが、この本の分類法で他のインタビューも無理なく整理できるなと感じている。その意味で少々大袈裟だが、本書に収録した一三のインタビューは現代日本建築界の一断面を示しているなと自分では感じている。

最後に、しかし最小ではなく本書制作の関係者に感謝したい。まず本書のもとになるインタビューをまとめてくれた南風舎の南口千穂さん。彼女は単なるまとめ作業だけではなく、編集、制作など私と一体となって作業をしてくれた。数年にわたるインタビューの日々を思い出す。またインタビューを書籍化する提案を快諾してくれた彰国社の尾関恵さんは前著『建築の設計力』に続いて二回目の編集を南口さんと共にしてくださった。企画から出版に至るまで徹底的に本作りに手腕を発揮され、粘り強い作業には驚くとともに感謝に堪えない。そして、素敵な似顔絵の作画を快諾してくれた宮沢洋さんの才能には脱帽である。そして加藤賢策さんには前著に続きブックデザインをお願いし、これらの似顔絵を見事に表紙にしていただいた。その絵を見ながらこの顔にしてあの作品が生まれるのだなと妙に納得してしまうのは私だけだろうか。最後にインタビューの掲載を許可してくれた日本建築家協会、一三人の建築家の皆様には心より御礼を申し上げたい。多くのことを皆さんから学ばせていただきました。ありがとうございます。

二〇二二年三月　　　坂牛　卓

編著者略歴

坂牛卓（さかうし たく）

一九五九年東京都生まれ。一九八三年東京工業大学工学部建築学科卒業。一九八五年UCLA大学院修士課程修了。一九八六年東京工業大学大学院修士課程修了。一九九八年OFDAを主宰。二〇〇七年博士（工学）。二〇〇九年信州大学工学部教授。二〇一一年〜東京理科大学工学部建築学科教授。

主な作品　「リーテム東京工場」（第四回芦原義信賞）、松ノ木のあるギャラリー（インターナショナル・アーキテクチャー・アウォード二〇一五）、運動と風景（SD賞二〇一五）など。

著書・翻訳　『言葉と建築―語彙体系としてのモダニズム』（鹿島出版会、二〇〇五、監訳）、『白い壁、デザイナードレス―近代建築のファッション化』（鹿島出版会、二〇二〇、監訳）、『αスペース』（鹿島出版会、二〇一三、共著）、『建築プレゼンのグラフィックデザイン』（鹿島出版会、二〇一六、共著）、『建築の規則―現代建築を創り・読み解く可能性』（ナカニシヤ出版、二〇〇八）、『建築の条件―「建築」なき後の建築』（LIXIL出版、二〇一七）、『建築の設計力』（彰国社、二〇二〇）、『教養としての建築入門』（中公新書、二〇二三）、『会社を辞めて建築家になった』（フリックスタジオ、二〇二三）

インタビュイー略歴

安田幸一（やすだ こういち）

一九五八年神奈川県生まれ。一九八一年東京工業大学工学部建築学科卒業。一九八三年東京工業大学大学院修士課程修了後、二〇〇二年まで日建設計勤務。一九八九年イェール大学大学院修了。一九八八〜一九九一年バーナード・チュミ・アーキテクツ勤務。二〇〇二年東京工業大学准教授、安田アトリエ設立。二〇〇七年〜二四年東京工業大学教授。二〇二四年同大学名誉教授。

長谷川豪（はせがわ ごう）

一九七七年埼玉県生まれ。二〇〇〇年東京工業大学工学部建築学科卒業。二〇〇二年東京工業大学大学院修士課程修了後、西沢大良建築設計事務所勤務。二〇〇五年長谷川豪建築設計事務所設立。二〇一五年東京工業大学大学院博士課程修了（工学博士）。メンドリジオ建築アカデミー、ハーバード大学デザイン大学院などで客員教授を歴任。

宇野友明（うの ともあき）

一九六〇年愛知県生まれ。一九八三年神奈川大学工学部建築学科卒業。一九八三年長谷部建築事務所勤務。一九九〇年宇野友明建築事務所設立。二〇〇三年建設業許可取得。

門脇耕三（かどわき こうぞう）

一九七七年神奈川県生まれ。二〇〇〇年東京都立大学工学部建築学科卒業。二〇〇一年東京都立大学大学院修士

課程修了。東京都立大学助手、首都大学東京助教などを経て、二〇一九年～明治大学理工学部建築学科准教授、現在同大学教授。二〇一四年～アソシエイツ株式会社パートナー。博士(工学)。

伊東豊雄(いとう とよお)

一九四一年生まれ。一九六五年東京大学工学部建築学科卒業。一九六五～六九年菊竹清訓建築設計事務所勤務。一九七一年アーバンロボット設立。一九七九年伊東豊雄建築設計事務所に改称。二〇一一年私塾「伊東建築塾」を設立。

長谷川逸子(はせがわ いつこ)

静岡県生まれ。関東学院大学工学部建築学科卒業。一九六四～六九年菊竹清訓建築設計事務所勤務。東京工業大学工学部建築学科研究生を経て、一九七一～八〇年東京工業大学篠原一男研究室勤務。一九八〇年長谷川逸子・建築計画工房設立。二〇一七年NPO「建築とアートの道場」設立。ハーバード大学、関東学院大学などで客員教授を歴任。

坂本一成(さかもと かずなり)

一九四三年東京都生まれ。一九六六年東京工業大学工学部建築学科卒業。一九七一年東京工業大学大学院を経て、武蔵野美術大学建築学科専任講師、アトリエ・ハウス10開設。一九八三年武蔵野美術大学助教授を経て、東京工業大学工学部建築学科助教授。一九九一年アトリエ・アンド・アイ設立。二〇〇九年東京工業大学教授を経て、同大学名誉教授。

青木淳(あおき じゅん)

一九五六年神奈川県生まれ。一九八〇年東京大学工学部建築学科卒業。一九八二年東京大学大学院修士課程修了。一九八二～九一年磯崎新アトリエ。一九九一年青木淳建築計画事務所設立(現在はASに改組)。二〇一九年～二四年東京藝術大学教授。京都市美術館館長。

山本理顕(やまもと りけん)

一九四五年生まれ。一九六八年日本大学理工学部建築学科卒業。一九七一年東京藝術大学大学院美術研究科建築専攻修了。東京大学生産技術研究所を経て、一九七三年山本理顕設計工場設立。横浜国立大学大学院Y-GSA教授などを歴任。二〇一八年～二二年名古屋造形大学学長。二〇二四年～神奈川大学客員教授、横浜国立大学名誉教授、日本大学名誉教授。

古澤大輔(ふるさわ だいすけ)

一九七六年東京都生まれ。二〇〇〇年東京都立大学工学部建築学科卒業。二〇〇二年東京都立大学大学院修了。二〇〇二年メジロスタジオ設立(二〇一三年、リライト・Dに組織改編)。二〇一三～一九年日本大学理工学部建築学科助教。二〇二〇年～日本大学理工学部建築学科准教授。博士(工学)。

田根剛（たね つよし）

一九七九年東京都生まれ。二〇〇二年北海道東海大学芸術工学部建築学科卒業。デンマーク王立芸術学院・客員研究員後、ヘニング・ラーセン、デイヴィッド・アジャイ事務所勤務を経て、二〇〇六年Dorell.Ghotmeh.Tane/Architects共同設立（パリ）。二〇一七年Atelier Tsuyoshi Tane Architectsを設立。フランス・パリを拠点に活動。

豊田啓介（とよだ けいすけ）

一九七二年千葉県生まれ。一九九六年東京大学工学部建築学科卒業。一九九六〜二〇〇〇年安藤忠雄建築研究所。二〇〇二年コロンビア大学修士課程修了。二〇〇二〜〇六年SHoP Architects（New York）勤務。二〇〇七年〜noizを蔡佳萱と設立（二〇一六年より酒井康介がパートナーとして加わる）。二〇一七年〜コンサルティングプラットフォームgluonを金田充弘と設立。二〇二一年〜東京大学生産技術研究所特任教授。

中山英之（なかやま ひでゆき）

一九七二年福岡県生まれ。一九九八年東京藝術大学美術学部建築科卒業、二〇〇〇年東京藝術大学大学院修士課程修了。二〇〇〇〜〇七年伊東豊雄建築設計事務所勤務、二〇〇七年中山英之建築設計事務所を設立。二〇一四年〜東京藝術大学准教授。

初出一覧

一三人の建築家へのインタビューは、公益社団法人 日本建築家協会会報誌『JIA MAGAZINE』を再録・再編集したものである。

安田幸一	372号（二〇二〇・三）
長谷川豪	388号（二〇二一・七）
宇野友明	386号（二〇二一・五）
門脇耕三	368号（二〇一九・一一）
伊東豊雄	382号（二〇二一・一）
長谷川逸子	373号（二〇二〇・四）
坂本一成	381号（二〇二〇・一二）
青木淳	385号（二〇二一・四）
山本理顕	379号（二〇二〇・一〇）
古澤大輔	377号（二〇二〇・八）
田根剛	359号（二〇一九・二）
豊田啓介	363号（二〇一九・六）
中山英之	375号（二〇二〇・六）

〈写真クレジット〉

阿野太一　p.256, p.275
アルベルト・ストラーダ（提供 国際交流基金）　p.094
伊東豊雄建築設計事務所　p.122-123
宇野友明　p.075
川澄・小林研二写真事務所　p.269
来田猛　p.192-193
佐武浩一　p.210-211
彰国社　p.022-023, p.185上下
新建築社写真部　p.132, p.144
多木浩二　p.108, p.109
鳥村鋼一　p.227下, p.236
中山英之建築設計事務所　p.292
新倉孝雄　p.155
萩原ヤスオ　p.071
長谷川豪建築設計事務所　p.040-041, p.051
福田美術館　p.032
藤塚光政　p.206
明治大学 構法計画研究室　p.085
本木誠一　p.021
森崎健一／マルモスタジオ　p.088-089
矢野紀行　p.282
山岸剛　p.237
山田脩二　p.140-141
AS　p.181
Atelier Tsuyoshi Tane Architects　p.247上, p.258
image courtesy of DGT.　p.249上
IX-miles Architecture　p.170-171
Keizo Kioku　p.247下
Kyle Yu　p.267上下
Propapanda / image courtesy of DGT.　p.249下
TAKAMURA DAISUKE　p.227上

建築家の基点　「1本の線」から「映画」まで、13人に聞く建築のはじまり

2022年 5月10日　第1版 発　行
2024年10月10日　第1版 第2刷

著作権者との協定により検印省略

編著者　坂　牛　卓
発行者　下　出　雅　徳
発行所　株式会社　彰　国　社

自然科学書協会会員
工学書協会会員

162-0067　東京都新宿区富久町8-21
電　話　03-3359-3231（大代表）
振替口座　00160-2-173401

Printed in Japan

印刷：壮光舎印刷　製本：ブロケード

ISBN 978-4-395-32178-0 C 3052 https://www.shokokusha.co.jp